essentials

Essentials liefern aktuelles Wissen in konzentrierter Form. Die Essenz dessen, worauf es als „State-of-the-Art" in der gegenwärtigen Fachdiskussion oder in der Praxis ankommt. *Essentials* informieren schnell, unkompliziert und verständlich

- als Einführung in ein aktuelles Thema aus Ihrem Fachgebiet
- als Einstieg in ein für Sie noch unbekanntes Themenfeld
- als Einblick, um zum Thema mitreden zu können

Die Bücher in elektronischer und gedruckter Form bringen das Fachwissen von Springerautor*innen kompakt zur Darstellung. Sie sind besonders für die Nutzung als eBook auf Tablet-PCs, eBook-Readern und Smartphones geeignet. *Essentials* sind Wissensbausteine aus den Wirtschafts-, Sozial- und Geisteswissenschaften, aus Technik und Naturwissenschaften sowie aus Medizin, Psychologie und Gesundheitsberufen. Von renommierten Autor*innen aller Springer-Verlagsmarken.

Zdravko Tretinjak

KI-Tools für Studium und Forschung

Prompts für effizientes wissenschaftliches Arbeiten

Zdravko Tretinjak
Korntal-Münchingen, Deutschland

ISSN 2197-6708 ISSN 2197-6716 (electronic)
essentials
ISBN 978-3-658-51784-7 ISBN 978-3-658-51785-4 (eBook)
https://doi.org/10.1007/978-3-658-51785-4

Die Deutsche Nationalbibliothek verzeichnet diese Publikation in der Deutschen Nationalbibliografie; detaillierte bibliografische Daten sind im Internet über https://portal.dnb.de abrufbar.

Planung/Lektorat: Carina Zimmermann
Springer Gabler ist ein Imprint der eingetragenen Gesellschaft Springer Fachmedien Wiesbaden GmbH und ist ein Teil von Springer Nature.
Die Anschrift der Gesellschaft ist: Abraham-Lincoln-Str. 46, 65189 Wiesbaden, Germany

Was Sie in diesem *essential* finden können

- Einen systematischen Überblick über den Einsatz generativer KI entlang aller Phasen wissenschaftlichen Arbeitens – von der Themenfindung bis zur Abgabe.
- Praxisnahe Workflows für Recherche, Schreiben, Analyse, Präsentation und Prüfungsvorbereitung mit KI-Unterstützung.
- Konkrete Prompt-Gerüste, Checklisten und Templates für einen nachvollziehbaren und verantwortungsvollen KI-Einsatz.
- Didaktische Konzepte zur Nutzung von KI als Lern-, Übungs- und Tutorensystem im Studium.
- Fallstudien, die zeigen, wie KI wissenschaftliche Qualität unterstützen kann, ohne Eigenleistung zu ersetzen.

Vorwort

Die rasante Entwicklung generativer KI hat Studium und Forschung in wenigen Jahren grundlegend verändert. Was 2022 mit ersten Experimenten begann, ist heute ein selbstverständlicher Bestandteil akademischer Praxis: Studierende nutzen KI zur Ideenfindung, zur Literaturarbeit, zur Analyse, zum Schreiben, zur Präsentation – und Lehrende stehen vor der Aufgabe, diese neuen Möglichkeiten verantwortungsvoll in Lern- und Prüfungsformate zu integrieren.

Dieses Buch möchte Orientierung geben in einer Zeit, in der Fragen schneller wachsen als die Antworten:

- Wie nutze ich KI so, dass sie meine wissenschaftliche Arbeit verbessert – nicht verwässert?
- Wie baue ich Workflows, die verlässlich sind und mir wirklich Zeit sparen?
- Wie erkenne ich Qualitätsrisiken, vermeide typische Fehler und dokumentiere meinen KI-Einsatz korrekt?
- Und wie kann KI in Lehre, Forschung und Prüfung so eingesetzt werden, dass Kompetenz entsteht statt Abhängigkeit?

Der Ansatz dieses Buches ist bewusst praxisnah. Statt Tools isoliert zu beschreiben, liegt der Schwerpunkt auf Workflows, die reale Studien- und Forschungssituationen abbilden – von der Themenfindung über die Literaturarbeit und Analyse bis hin zu Präsentation, Abgabe und Prüfungsgespräch. Ergänzt wird dies durch konkrete Fallstudien, Checklisten und sofort nutzbare Prompts, die zeigen, wie KI wissenschaftliches Arbeiten unterstützen kann, ohne wissenschaftliche Verantwortung zu ersetzen (ergänzende Materialien: https://github.com/zdravko82/ki-studium-forschung-toolkit).

KI eröffnet enorme Chancen – doch sie verlangt auch mehr wissenschaftliche Sorgfalt, Transparenz und Reflexion. Dieses Buch soll dabei helfen, diese Balance zu finden: zwischen Effizienz und Integrität, zwischen Unterstützung und Eigenleistung, zwischen technischer Innovation und akademischer Qualität.

Zdravko Tretinjak

Interessenkonflikt Der/die Autor*in hat keine relevanten Interessenskonflikte im Zusammenhang mit dieser Publikation.

Inhaltsverzeichnis

1 Einleitung und Kontext – KI in Studium und Forschung

1.1 Veränderte Rahmenbedingungen

Seit der breiten Verfügbarkeit generativer KI (z. B. ChatGPT ab 2022) hat sich wissenschaftliches Arbeiten spürbar verändert. KI-basierte Tools unterstützen heute nahezu alle Phasen – von Themenfindung und Literaturarbeit bis zu Analyse, Schreiben und Präsentation. Aktuelle Erhebungen zeigen, dass über 60 % der Studierenden generative KI regelmäßig nutzen, vor allem für Recherche, Textüberarbeitung und Ideengenerierung. (Hüsch 2025).

Definition Generative KI bezeichnet Modelle, die neue Inhalte (Text, Code, Bilder) aus probabilistischen Mustern erzeugen. In der Hochschulpraxis wird sie zunehmend als Augmented Intelligence verstanden – als kognitive Erweiterung, die Routinearbeit abnimmt und Raum für Analyse und Reflexion schafft.

Wichtig Höhere Effizienz verlangt mehr – nicht weniger – wissenschaftliche Sorgfalt: Ergebnisse müssen prüfbar, transparent und methodisch dokumentiert sein.

1.2 Ökonomische und gesellschaftliche Relevanz

Das wirtschaftliche Potenzial ist erheblich: Bis zu 70 % wissensintensiver Tätigkeiten können durch KI teilweise unterstützt werden. (McKinsey Global Institute 2023) In einer kontrollierten Studie arbeiteten Entwickler mit GitHub Copilot

Z. Tretinjak, *KI-Tools für Studium und Forschung*, essentials,
https://doi.org/10.1007/978-3-658-51785-4_1

55,8 % schneller als ohne KI-Assistenz – ein Mikro-Befund, der die makroökonomischen Erwartungen stützt. (Peng u. a. 2023).

Gleichzeitig steigen Anforderungen an Transparenz, Fairness und Verantwortung. Sprachmodelle können plausible, aber falsche Inhalte liefern oder Verzerrungen reproduzieren. (Huang u. a. 2023) Der EU AI Act (2024) adressiert diese Risiken und definiert für Bildung/Forschung u. a. Anforderungen an Nachvollziehbarkeit, Datenqualität und Datenschutz. (Europäische Union (EU) 2024).

1.3 Wissenschaftliche Relevanz und didaktische Konsequenzen

Generative KI verändert den Erkenntnisprozess: Sie beschleunigt Informationsverarbeitung, unterstützt beim Erkennen von Forschungslücken und ermöglicht explorative Szenarien. Für Hochschulen folgen zwei Handlungsfelder:

- **Kompetenzen:** Studierende benötigen Prompt-Kompetenz, Quellenkritik und Dokumentationspraxis für KI-Einsatz.
- **Rahmen & Prüfungen:** Lehr-/Prüfungsformate müssen Eigenleistung und KI-Unterstützung trennscharf regeln.

Wichtig Jede substanzielle KI-Nutzung ist offenzulegen (Tool, Version/Datum, Ziel, Einfluss auf das Ergebnis) – idealerweise im Methoden- oder Anhangsteil. (Deutsche Forschungsgemeinschaft 2026b).

Werkzeuglandschaft im Überblick 2

Für die Praxis bewährt sich eine funktionale Einteilung:

- **Generalisten** (z. B. ChatGPT, Gemini): Vielseitige Assistenten für Ideen, Struktur, Stil.
- **Recherche-Tools** (z. B. Elicit, Consensus, Perplexity): Fokus auf Literatur- und Evidenzsuche.
- **Produktivität** (z. B. Notion AI): Planung, Notizen, Workflow.
- **Nischen/Fachtools** (z. B. SciSpace): Paper-Parsing, Zitat-Extraktion.

Wichtig Recherche-Ergebnisse aus KI-Tools immer mit Originalquellen verifizieren; KI-Zitate nie ungeprüft übernehmen.

2.1 KI-Tool-Landkarte: Welche Toolklasse wofür?

KI-Tools werden im Studienalltag oft nur als „ChatGPT oder nicht" wahrgenommen. Für effizientes wissenschaftliches Arbeiten ist es jedoch hilfreicher, sie als **Werkzeugkasten** zu verstehen: Unterschiedliche Toolklassen lösen unterschiedliche Aufgaben – und haben jeweils typische Fehlerquellen. Eine Tool-Landkarte hilft, schneller das passende System zu wählen und unrealistische Erwartungen zu vermeiden.

Z. Tretinjak, *KI-Tools für Studium und Forschung*, essentials,
https://doi.org/10.1007/978-3-658-51785-4_2

2.1.1 Generalisten (LLM-Chats)

Generalistische KI-Chats (z. B. ChatGPT, Claude, Gemini) sind besonders stark in **Textarbeit:** Sie können erklären, strukturieren, umformulieren, argumentieren, Ideen entwickeln und Code schreiben. Ihre Stärke ist die **Flexibilität** – sie sind fast immer als „erster Denkpartner“ geeignet. Ihre Schwäche ist die **Unsicherheit bei Fakten und Quellen,** wenn kein verlässlicher Abrufmodus (z. B. Websuche, Zitationsmodus, PDF-Bezug) genutzt wird.

Typische Einsätze im Studium

- Themenfindung, Forschungsfrage, Gliederung, Exposé-Skizzen
- Schreibtraining (Stil, Klarheit, Argumentation), Überarbeiten von Absätzen
- Erklären schwieriger Konzepte „auf deinem Niveau“
- Erste Hypothesen, Gegenargumente, Diskussionsimpulse

2.1.2 Recherche- und Evidenztools

Recherchetools kombinieren Suchfunktion (Web/Paper-Datenbanken) mit KI-Zusammenfassung und liefern meist **Quellenangaben**. Sie sind besonders hilfreich bei **literaturbasierten Arbeiten** und beim schnellen Screening großer Treffermengen. Vorteil: bessere Nachvollziehbarkeit. Risiko: trotzdem mögliches Fehlverständnis von Abstracts, unvollständige Coverage, Kontextverlust.

Typische Einsätze im Studium

- Erste Literatur-Landkarte („Welche Hauptstränge gibt es?“)
- Paper-Shortlists, Studienvergleich, schnelle Evidenzübersichten
- Faktencheck: „Wo steht das im Paper?“

2.1.3 PDF-/Dokumenten-Assistenten

Diese Tools arbeiten auf Basis **deiner Dokumente** (Upload von PDFs/Notizen) und antworten mit Bezug auf konkrete Textstellen. Sie sind ideal für Exzerpte, Begriffsarbeit, Tabelleninterpretation und das Herausarbeiten von Argumentationslinien.

Typische Einsätze im Studium

- „Fasse Kap. 3 zusammen, nenne Variablen, Methode, Limitationen"
- „Welche Definition von X wird verwendet?"
- „Baue aus 5 Papers eine Synthese-Tabelle"

2.1.4 Produktivitäts-KI (Office/Notion/Projekttools)

In Office-Umgebungen (Text, Tabellen, Folien, Mails) hilft KI vor allem beim **Formatieren, Verdichten, Umstrukturieren** und bei wiederkehrenden Aufgaben. Ihre Stärke ist die **Integration** in Arbeitsroutinen: weniger Copy-Paste, schneller Output. Risiko: Bequemlichkeit – man übernimmt Dinge, bevor man sie fachlich geprüft hat.

2.1.5 Spezial- und Nischentools

Spezialtools lösen konkrete Aufgaben sehr gut: Diagrammgeneratoren, Statistik-Assistenten, Transkription, Literaturverwaltung, Zitationschecker, Plagiats–/Ähnlichkeitsprüfung. Hier gilt: je enger die Aufgabe, desto höher die Qualität – aber desto weniger flexibel.

2.2 Entscheidungshilfe: „Welches Tool nehme ich als Erstes?"

Nutze diese vier Fragen als Schnellfilter:

1. **Geht es primär um Denken/Struktur/Schreiben?** → Generalist
2. **Geht es um echte Quellen, Paper, Nachvollziehbarkeit?** → Recherche–/Evidenztool
3. **Geht es um ein konkretes Dokument (Paper/PDF/Transcript)?** → PDF-Assistent
4. **Geht es um Tabellen, Folien, Office-Output?** → Produktivitäts-KI

   Wenn mehrere zutreffen: starte mit dem „engeren" Tool (z. B. PDF-Assistent) und nutze den Generalisten danach für Synthese/Schreibarbeit.

2.3 Mini-Checkliste: Tool-Risiken in 30 s

- **Fakten:** Kann ich jede zentrale Aussage belegen?
- **Quellen:** Gibt es DOI/Link/Journal/Autor und finde ich es wirklich?
- **Kontext:** Hat das Tool meinen Kontext (Ziel, Niveau, Rahmenbedingungen) verstanden?
- **Eigenleistung:** Ist erkennbar, was mein Beitrag ist (Auswahl, Bewertung, Argumentation)?

3 Tool-Entscheidung & Workflows – welche Kombination für welche Aufgabe?

Studierende verlieren oft Zeit, weil sie Tools „testen“, statt Workflows zu bauen. Der akademische Nutzen entsteht aber vor allem durch stabile Abläufe: Ein Workflow beschreibt nicht nur ein Tool, sondern eine Abfolge aus Recherche, Prüfung, Verarbeitung und Output.

3.1 Entscheidungsmatrix: 6 Kriterien, die wirklich zählen

Statt „welches Tool ist am besten?“ ist sinnvoller: „welches Tool passt zu meiner Aufgabe?“. Für Studium und Forschung sind sechs Kriterien zentral:

1. **Aktualität & Quellen:** Brauche ich belegte, aktuelle Informationen?
2. **Textqualität:** Geht es um Sprache, Struktur, Tonalität?
3. **Datenfähigkeit:** Muss ich Tabellen/Code/Dateien verarbeiten?
4. **PDF- und Paper-Verständnis:** Arbeite ich mit wissenschaftlichen Texten?
5. **Integration:** Nutze ich Office/Notion/Slides und will dort bleiben?

Je nach Priorität ergeben sich unterschiedliche Tool-Ketten.

3.2 Workflow 1: Literaturrecherche „wissenschaftstauglich“

Ziel: belastbare Quellenliste + erste Struktur

Z. Tretinjak, *KI-Tools für Studium und Forschung*, essentials,
https://doi.org/10.1007/978-3-658-51785-4_3

Schritt 1 – Suchraum bauen (KI): Suchbegriffe, Synonyme, Cluster.
Schritt 2 – Datenbanken (klassisch): Google Scholar/Bibliothek/Fachdatenbanken.
Schritt 3 – Screening (KI): Abstracts sortieren, Relevanz begründen.
Schritt 4 – Primärprüfung (du): 10 Top-Quellen querlesen.
Schritt 5 – Struktur (KI): Theorie-Karte: Themen → Unterthemen → Quellen.

Qualitätsregel: KI darf niemals „Quellen erfinden". Quellen werden nur übernommen, wenn du sie in Datenbank/Verlag/DOI findest.

3.3 Workflow 2: Schreiben ohne Einheitsbrei

Ziel: eigener Text, KI als Verstärker

Schritt 1 – Gliederung (KI): Vorschläge, dann Auswahl durch dich.
Schritt 2 – Rohabschnitt (du): Stichpunkte + Kernaussagen.
Schritt 3 – Formulierung (KI): Umformulieren, kürzen, klarer machen.
Schritt 4 – Argumentationscheck (KI): Lücken, Sprünge, Gegenargumente.
Schritt 5 – Literaturankopplung (du): Jede Aussage mit Quelle oder eigener Begründung.

3.4 Workflow 3: Datenanalyse mit Reproduzierbarkeit

Ziel: nachvollziehbare Schritte + robuste Interpretation

Schritt 1 – Datenbeschreibung (KI + du): Variablen, Missing, Ausreißer.
Schritt 2 – Analyseplan (KI): passende Verfahren + Annahmen.
Schritt 3 – Rechnen (Tool): Code/Excel/Statistiksystem.
Schritt 4 – Robustheit (KI): alternative Checks vorschlagen.
Schritt 5 – Ergebnistext (KI): ohne Kausalitätsübertreibung.
Schritt 6 – Validierung (du): Plausibilität, Grenzfälle, Dokumentation.

3.5 Workflow 4: Präsentation in 90 min

Ziel: Slides + Storyline + Q&A

Schritt 1 – Kernaussage (du): „Was ist die eine Message?“
Schritt 2 – Storyline (KI): 7-Folien-Gerüst.
Schritt 3 – Folienentwurf (Tool): Canva/Gamma/Slides.
Schritt 4 – Sprechtext (KI): Speaker Notes + Timing.
Schritt 5 – Quellen/Abbildungen (du): Nachweise sauber.

► **Quick-Wahl: Wenn du nur 1 Tool nutzen willst**

- **Schreiben/Struktur:** Generalist
- **Recherche mit Zitaten:** Evidence-Tool
- **Dateien/Daten:** Datenmodus-Tool
- **Slides/Design:** Präsentationsgenerator

Prompt-Kompetenz und -Engineering 4

4.1 Vom Befehl zum Dialog

Mit der Etablierung generativer KI hat sich die Interaktion zwischen Mensch und Maschine grundlegend verändert.

Anstelle fester Befehle treten **Prompts** – sprachliche Anweisungen, die Kontext, Ziel und Format einer Antwort bestimmen.

Die Qualität des Prompts bestimmt maßgeblich die Qualität des Ergebnisses.

Definition: *Prompt-Kompetenz* bezeichnet die Fähigkeit, Aufgaben so zu formulieren, dass KI-Systeme valide, transparente und wissenschaftlich nutzbare Ergebnisse liefern.

Sie gilt als neue Basiskompetenz wissenschaftlichen Arbeitens.

4.2 Dimensionen der Prompt-Kompetenz

Prompt-Kompetenz umfasst drei miteinander verbundene Dimensionen:

- **Kognitiv:** Verständnis der Funktionsweise und Grenzen generativer Sprachmodelle.
- **Methodisch:** Beherrschung von Strategien wie *Zero-Shot, Few-Shot, Chain-of-Thought und Tree-of-Thought.* (Brown u. a. 2020; Wei u. a. 2023; Yao u. a. 2023)
- **Ethisch-reflexiv:** Sensibilität für Bias, Transparenz, Datenschutz und Nachvollziehbarkeit

Z. Tretinjak, *KI-Tools für Studium und Forschung*, essentials,
https://doi.org/10.1007/978-3-658-51785-4_4

Wichtig Diese drei Ebenen sind gleichrangig – technische Fertigkeit ohne kritisches Bewusstsein führt zu unzuverlässigen Ergebnissen.

4.3 Prinzipien des Prompt-Engineering

Prompt-Engineering beschreibt das gezielte Gestalten von Eingaben, um verlässliche, reproduzierbare Ergebnisse zu erzielen.

Zentrale Prinzipien sind in Tab. 4.1 zusammengefasst.

Wichtig Iteratives Vorgehen ist Kern wissenschaftlicher Prompt-Kompetenz – der erste Entwurf ist selten der beste.

Tab. 4.1 Prinzipien des Prompt-Engineering

Prinzip	Beschreibung	Beispiel
Klarheit & Kontext	Aufgabenstellung mit Ziel, Rolle und Rahmenbedingungen präzisieren	„Du bist Fachredakteur für Sozialpsychologie. Fasse die Hauptthesen von Theorie X prägnant zusammen."
Schrittweise Argumentation	Nutzung von *Chain* oder *Tree-of-Thought* für nachvollziehbare Begründung	„Denke Schritt für Schritt über diese Frage nach und erkläre deine Schlussfolgerung."
Beispielbasiertes Lernen	Few-Shot-Techniken mit Beispielantworten	„Hier sind zwei Abstracts – verfasse ein drittes im selben Stil."
Iterative Verfeinerung	Rückfragen an die KI zur Selbstkritik	„Bewerte deine Antwort nach den Kriterien A–C und verbessere sie."
Rollensteuerung	Perspektive oder Tonlage definieren	„Schreibe als wissenschaftliche Betreuerin eine kritische Rückmeldung."

4.4 Das 6-Bausteine-Prompt-Gerüst (R-K-Z-A-F-P)

Viele Prompts scheitern nicht an der KI, sondern an fehlenden Bausteinen. Ein zuverlässiges Gerüst ist:

R – Rolle: Wer soll antworten?
K – Kontext: Worum geht es genau (Thema, Ziel, Rahmen, Fachgebiet)?
Z – Ziel: Was soll das Ergebnis leisten (Entscheidung, Überblick, Argument, Text)?
A – Ausgabeformat: Struktur (Gliederung, Tabelle, Bulletpoints, Absatz), Länge, Stil.
F – Fakten- und Quellenregeln: „Nur belegbare Aussagen", „gib Unsicherheiten an", „zitiere"/„keine Quellen erfinden".
P – Prüfschritt: „Nenne Risiken/Fehler", „prüfe dich selbst", „stelle Rückfragen".

Beispielprompt (universell)

Rolle: Du bist wissenschaftliche*r Schreibcoach und Methodenberater*in.
Kontext: Ich schreibe eine Seminararbeit im Fach X zum Thema Y. Zielgruppe: Dozent*in, Bachelor-Niveau. Umfang: 12 Seiten.
Ziel: Hilf mir, eine klare Argumentationslinie aufzubauen und typische Denkfehler zu vermeiden.
Ausgabeformat: 1) These, 2) 3 Hauptargumente mit Belegen-Platzhaltern, 3) mögliche Gegenargumente, 4) kurze Empfehlung für Gliederung.
Faktenregeln: Erfinde keine Quellen. Wenn du Literatur vorschlägst, kennzeichne sie als „zu prüfen".
Prüfschritt: Stelle zuerst 3 Rückfragen, um meinen Kontext zu klären. ◄

Damit erzwingst du Qualität: Rückfragen, klare Struktur, saubere Regeln.

4.5 Didaktische Anwendung in Studium und Forschung

In der Hochschullehre gilt Prompt-Kompetenz als **Future Skill**.

Lehrende sollten Studierende anregen, Prompts systematisch zu entwerfen, zu testen und zu reflektieren.

Ein bewährter dreistufiger Lernprozess ist:

1. **Exploration:** Experimentieren mit verschiedenen Fragetypen.
2. **Evaluation:** Vergleich der Ergebnisse nach Präzision, Beleglage und Bias.
3. **Dokumentation:** Offenlegung genutzter Prompts und Versionen in Methodenteil oder Anhang.

Beispiel
In Projektseminaren können Studierende denselben Rechercheauftrag an verschiedene Modelle geben (z. B. ChatGPT, Elicit, Perplexity) und anschließend die Ergebnisse vergleichen – ein effektiver Zugang zu KI-Kritikfähigkeit.

4.6 Typische Risiken und Fehlerquellen

Trotz der hohen Nützlichkeit generativer Systeme sind folgende Risiken zentral.

- **Halluzinationen:** Erfundene Fakten oder Quellenangaben. (Siebert 2024)
- **Bias:** Verzerrungen durch Trainingsdaten.
- **Intransparenz:** Fehlende Nachvollziehbarkeit von Entscheidungswegen.
- **Unreflektierte Automatisierung:** Übernahme von Inhalten ohne kritische Prüfung.

Die Deutsche Forschungsgemeinschaft (DFG)[1] fordert deshalb, KI-Unterstützung nur anzuerkennen, wenn deren Einsatz transparent dokumentiert wird. (Deutsche Forschungsgemeinschaft 2026b)

4.7 Prompt-Debugging: Wenn die Antwort nicht passt

Wenn eine KI-Antwort zu allgemein, falsch oder unbrauchbar ist, liegt das meist an einem von fünf Problemen – und lässt sich systematisch beheben.

[1] Deutsche Forschungsgemeinschaft (DFG): *KI, ChatGPT und die Wissenschaften – DFG formuliert Leitlinien für Umgang mit generativen Modellen zur Text- und Bilderstellung*, 21.09.2023, verfügbar unter: https://www. dfg.de/de/aktuelles/neuigkeiten-themen/pressemitteilungen/2023/pressemitteilung-nr-39 (zuletzt abgerufen am 23.03.2026).

4.7.1 Problem 1: Zu wenig Kontext

Symptom: Allgemeine Lehrbuchantwort.
Fix: Kontext nachreichen („Zielgruppe, Fachgebiet, Forschungsfrage, Datenlage, Umfang, Abgabeformat“).
Debug-Prompt:
„Antworte **nur** bezogen auf meinen Kontext (…), sonst sag ‚Kontext fehlt‘. Welche 3 Infos brauchst du?“

4.7.2 Problem 2: Unklare Aufgabe/zu viele Aufgaben auf einmal

Symptom: Vermischte Teilergebnisse.
Fix: Zerlegen in Schritte („erst Gliederung, dann Argumentation, dann Stil“).
Debug-Prompt:
„Zerlege die Aufgabe in 5 Schritte. Stelle pro Schritt 1 Rückfrage und warte auf meine Antwort.“

4.7.3 Problem 3: Falsches Format

Symptom: Textwall statt Tabelle.
Fix: Format erzwingen („Tabelle mit Spalten A–D“, „max. 150 Wörter“).
Debug-Prompt:
„Gib die Antwort als Tabelle: Spalten = Begriff|Definition|Quelle-Platzhalter|-Beispiel.“

4.7.4 Problem 4: Halluzination/Faktenunsicherheit

Symptom: Selbstbewusste, aber unbelegte Aussagen.
Fix: Unsicherheits- und Belegregeln.
Debug-Prompt:
„Markiere jede Aussage als **Belegt/Plausibel/Spekulation** und nenne, was zur Verifikation nötig wäre.“

4.7.5 Problem 5: Stil passt nicht (zu werblich/zu umgangssprachlich/zu „KI-mäßig")

Fix: Stilprobe geben oder Stilregeln definieren.
Debug-Prompt:
„Schreibe im Stil wissenschaftlicher Prosa: präzise, neutral, keine Floskeln. Verwende kurze Sätze, Fachbegriffe sparsam, keine Metaphern."
Diese Debug-Routine spart enorm Zeit: Du kommst schneller zu einem Ergebnis, das du wirklich verwenden kannst.

4.8 Prompting als wissenschaftliche Methode: Nachvollziehbarkeit & Qualität

Der Nutzen von KI hängt nicht nur davon ab, *was* gefragt wird, sondern auch davon, ob der Weg zum Ergebnis nachvollziehbar ist. Gerade in Studium und Forschung ist das entscheidend: Eine gute Antwort ist nicht automatisch eine wissenschaftlich brauchbare Antwort. Wissenschaft verlangt, dass Aussagen begründet, überprüfbar und im Kontext verortet sind. Prompting wird damit – im besten Fall – zu einer Art methodischem Vorgehen: Es strukturiert den Erkenntnisprozess, dokumentiert Entscheidungen und erhöht die Qualität der Ergebnisse.

4.8.1 Prompting ist kein „Knopfdrücken", sondern Iteration

Viele Einsteiger:innen erwarten, dass ein einziger Prompt „die perfekte Antwort" liefert. In der Praxis ist ein guter Output meistens das Ergebnis aus Iterationen: Nachfragen, Präzisieren, Eingrenzen, Gegenprüfen. Das ist kein Makel, sondern ein Zeichen von guter Arbeitsweise. Wissenschaftliche Qualität entsteht selten im ersten Versuch – weder beim Schreiben noch beim Prompting.

Eine pragmatische Iterationslogik ist der Dreischritt:

1. **Exploration:** Ideen sammeln, Begrifflichkeiten klären, Suchraum öffnen.
2. **Konsolidierung:** Struktur bilden, Auswahl treffen, Kriterien definieren.
3. **Validierung:** Fakten prüfen, Logik testen, Grenzen formulieren.

4.8.2 Drei Qualitätsdimensionen für KI-Outputs

Um KI-Ergebnisse zu bewerten, helfen drei Dimensionen:

- **Inhaltliche Richtigkeit:** Stimmen Fakten, Begriffe, Zahlen, Zitate?
- **Argumentative Tragfähigkeit:** Sind Schlussfolgerungen logisch? Werden alternative Erklärungen berücksichtigt?
- **Wissenschaftliche Passung:** Ist das Ergebnis anschlussfähig an Literatur, Methoden und Standards (Zitation, Sprache, Objektivität)?

Diese Dimensionen sind unabhängig von „schönem Stil". Ein flüssig formulierter Absatz kann inhaltlich falsch oder argumentativ schwach sein. Gerade darum muss die Qualitätskontrolle aktiv erfolgen.

4.8.3 Prompt-Design für wissenschaftliche Robustheit

Du kannst Robustheit bereits im Prompt „einbauen". Bewährt haben sich vier Bausteine:

1. Unsicherheits-Flag:
   „Markiere Aussagen, bei denen du unsicher bist, und schlage vor, wie ich sie prüfen kann."
2. Gegenposition erzwingen:
   „Nenne die stärksten Gegenargumente zu deiner eigenen Antwort."
3. Begriffspräzision:
   „Definiere die zentralen Begriffe so, wie sie typischerweise in der Fachliteratur verwendet werden, und nenne alternative Definitionen."
4. Abgrenzung:
   „Formuliere explizit, was diese Antwort *nicht* behauptet (z. B. keine Kausalität, keine Vollständigkeit)."

4.8.4 Prompt-Protokoll: Minimaldokumentation, die sich lohnt

Auch wenn deine Hochschule keine KI-Dokumentation verlangt: Ein kleines Prompt-Protokoll hilft dir enorm – gerade bei Abgabe, Diskussion mit Betreuenden oder Rückfragen. Es reicht oft, pro Phase 3 Dinge zu notieren:

- Ziel des Prompts (z. B. „Themenideen", „Gliederung", „Stil-Feedback")
- wichtigste Prompt-Version (finale Formulierung)
- kurze Validierung („geprüft durch Quelle X/eigenes Rechnen/Gegencheck")

So entsteht Nachvollziehbarkeit ohne Bürokratie.

Mini-Checkliste: Wann ist ein KI-Output „wissenschaftstauglich"?

- Ich kann die Kernaussage in Primärliteratur oder Daten verankern.
- Ich verstehe die Argumentationskette und kann sie verteidigen.
- Ich habe mindestens eine Gegenposition geprüft.
- Ich weiß, welche Teile unsicher sind und wie ich sie verifizieren kann.
- Ich kann erklären, welchen Anteil KI hatte und welchen Anteil ich selbst geleistet habe.

4.9 Praktische Einsatzbeispiele

(Siehe Tab. 4.2)

Wichtig Gute Prompts entstehen iterativ – durch Erklären, Überprüfen, Anpassen.

Tab. 4.2 Einsatzphasen und Beispiel-Prompts

Phase	Ziel	Beispiel-Prompt	Typischer Output
Themenfindung	Ideenentwicklung	„Schlage fünf Forschungsthemen zur digitalen Ethik vor und bewerte deren Relevanz."	Themenliste mit Begründung
Literaturrecherche	Quellensuche	„Nenne aktuelle Studien zu ‚Prompt-Engineering in der Hochschullehre' mit APA-Zitation."	Literaturliste
Analyse	Dateninterpretation	„Analysiere die Textdaten nach Häufigkeiten und Schlüsselbegriffen."	Tabelle oder Wordcloud
Schreiben	Strukturierung	„Erstelle eine Gliederung für eine Seminararbeit zum Thema ‚KI in der Forschung'."	Kapitelgliederung
Reflexion	Qualitätssicherung	„Bewerte den Text nach Kohärenz, Neutralität und Beleglage."	Feedback/ Bewertung

4.10 Zusammengefasst

Prompt-Kompetenz vereint Sprachbeherrschung, kritisches Denken und technisches Verständnis.

Sie ermöglicht einen reflektierten, methodisch fundierten Einsatz von KI in Forschung und Lehre.

Das Ziel ist nicht der perfekte Prompt, sondern das **bewusste Steuern und Prüfen** des KI-Outputs.

5 Lernen, Üben, Prüfen: KI als Tutor im Studium

Generative KI ist nicht nur ein Schreib- oder Recherchewerkzeug, sondern kann als personalisierte Lernumgebung dienen. Gerade im Studium entstehen viele Schwierigkeiten nicht, weil Informationen fehlen, sondern weil Verständnislücken unbemerkt bleiben: Begriffe werden unscharf verwendet, Modelle nicht sauber abgegrenzt, Aufgaben falsch interpretiert. KI kann diesen Prozess beschleunigen – wenn sie nicht als „Antwortmaschine" eingesetzt wird, sondern als Tutor, der Verständnis aufbaut, Rückmeldung gibt und Lernwege strukturiert.

5.1 Vom „Antwort holen" zum „Verstehen lernen"

Der entscheidende Unterschied liegt in der Zielsetzung. Wer KI nutzt, um „die Lösung" zu bekommen, spart vielleicht Minuten – verliert aber langfristig Kompetenz. Wer KI nutzt, um Verständnis aufzubauen, spart Zeit **und** wird besser. Eine praktikable Regel lautet:

- KI für Erklärungen, Beispiele, Übungsaufgaben, Feedback.
- **Eigene Leistung für Auswahl, Bewertung, Begründung, Transfer.**

Das bedeutet konkret: KI darf dir helfen, *wie* etwas funktioniert. Aber du solltest immer selbst zeigen können, *warum* du eine Lösung akzeptierst und *wie* du sie prüfst.

Z. Tretinjak, *KI-Tools für Studium und Forschung*, essentials,
https://doi.org/10.1007/978-3-658-51785-4_5

5.2 Die Tutor-Methode in 4 Stufen (funktioniert für fast jedes Fach)

Stufe A: Erklärung auf deinem Level
„Erkläre mir Konzept X auf Bachelor-Niveau. Verwende ein Alltagsbeispiel. Vermeide unnötige Fachsprache.“
Stufe B: Verständnischeck
„Stelle mir 8 Verständnisfragen (gemischt: leicht/mittel/schwer). Warte jeweils auf meine Antwort.“
Stufe C: Feedback & Korrektur
„Gib Feedback: Was ist korrekt, was ist unvollständig, welche typische Denkfalle habe ich? Gib eine Musterantwort.“
Stufe D: Transfer
„Gib mir 3 neue Aufgaben, die das Konzept in anderem Kontext testen. Erkläre kurz, worauf ich achten muss.“

Diese vier Stufen bilden aus einer passiven „Erklärung“ ein aktives Lernsetting. Besonders wirksam ist die Transferstufe, weil sie zeigt, ob du wirklich verstanden hast.

5.3 KI als Übungsgenerator: Aufgaben, Fälle, Mini-Exams

Viele Studierende lernen zu wenig durch Anwenden. KI kann hier helfen, indem sie sehr schnell Übungsaufgaben generiert – passend zu deinem Modul, deinem Schwierigkeitsgrad und deinem Lehrbuch. Wichtig ist, dass du nicht nur die Lösungen konsumierst, sondern zunächst selbst versuchst.

Prompt (Aufgabengenerator):
„Ich lerne gerade Thema X. Erstelle 12 Übungsaufgaben: 4 leicht, 5 mittel, 3 schwer. Gib nur Aufgaben, noch keine Lösung. Danach frage mich, ob ich Lösungen sehen will.“
Prompt (Mini-Exam):
„Erstelle eine 25-minütige Probeklausur zu Thema X mit Punkteverteilung. Danach gib ein Bewertungsschema und Musterlösungen.“

Prompt (Fallstudie):
„Erstelle eine kurze Fallstudie (1 Seite Text) zu Thema X, inklusive Fragen zur Analyse und Entscheidung. Gib erst die Fallbeschreibung, dann Fragen, dann Musterlösung."

So entsteht eine Lernschleife, die für Klausuren, mündliche Prüfungen und Projektarbeiten gleichermaßen nützlich ist.

5.4 KI als Feedbackgeber für eigene Lösungen

Besonders wertvoll ist Feedback auf **deine** Lösung. Dafür musst du der KI Kriterien geben, nach denen sie bewertet.

Prompt (Feedback mit Kriterien):
„Hier ist meine Lösung zu Aufgabe X: … Bewerte sie nach: Fachlichkeit, Klarheit, Vollständigkeit, Begründung, typische Fehler. Gib dann eine verbesserte Version."
Prompt (Sokratisches Feedback):
„Statt mir die Lösung zu geben: Stelle mir Rückfragen, bis meine Lösung korrekt und vollständig ist."

Diese Variante verhindert, dass du nur „abschreibst", und zwingt dich zur aktiven Korrektur.

5.5 Lernpläne mit KI: realistisch statt idealistisch

Studierende planen oft zu optimistisch. KI kann helfen, Pläne realistisch zu machen – wenn du ehrlich Input gibst: Stunden/Woche, Nebenjob, Prüfungen, Abgabe/Termin.

Prompt
„Ich habe X Wochen Zeit, Y Stunden/Woche. Ziel: Thema X beherrschen. Erstelle einen Plan mit Wiederholungen, Übungsphasen und Puffer. Berücksichtige 2 Rückschlag-Wochen."

Ein guter Plan enthält nicht nur Inhalte, sondern auch Wiederholung (Spacing) und aktives Abrufen (Retrieval). Beides kann KI in den Plan integrieren.

5.6 Grenzen: Wo KI als Tutor gefährlich wird

- **Übervertrauen:** KI erklärt überzeugend, aber nicht immer korrekt.
- **Scheinsicherheit:** Wenn du nur liest, kannst du dich überschätzen.
- **Falscher Fokus:** Zu viel Zeit für „perfekte Erklärungen", zu wenig für Übung.

Deshalb: Jede Lerneinheit endet idealerweise mit Aufgaben + eigener Lösung + Feedback.

► **10 schnelle Tutor-Prompts (Copy & Paste)**

1. „Erkläre X auf Niveau ..., mit Beispiel."
2. „Gib mir 5 Merksätze +5 typische Fehler."
3. „Erstelle Karteikarten (Frage/Antwort)."
4. „Prüfe meine Antwort auf logische Lücken."
5. „Gib 3 Analogien und 3 Gegenbeispiele."
6. „Erstelle einen Lernplan mit Wiederholungen."
7. „Simuliere eine mündliche Prüfung."
8. „Erstelle Aufgaben ohne Lösungen."
9. „Gib Musterlösungen erst nach meinem Versuch."
10. „Erkläre es einmal mathematisch, einmal intuitiv."

Themenfindung und Projektplanung mit KI 6

6.1 Ausgangspunkt: Ideen generieren im Zeitalter der KI

Die Themenfindung gilt als einer der kreativsten, aber auch anspruchsvollsten Schritte wissenschaftlicher Arbeit.

Generative KI kann diesen Prozess unterstützen – nicht, indem sie Themen „vorgibt", sondern indem sie hilft, Denkpfade zu öffnen.

Chatbots und spezialisierte Tools wie Elicit, Consensus oder Perplexity AI generieren innerhalb von Sekundenhunderten Vorschläge, Fragen und Literaturhinweise zu Suchbegriffen oder Forschungsfeldern.

Definition KI-gestützte Themenfindung bezeichnet den systematischen Einsatz generativer Systeme zur Exploration von Forschungsfeldern, Fragestellungen oder Hypothesen – stets unter menschlicher Kontrolle und Bewertung.

Wichtig KI kann Inspiration liefern, aber keine wissenschaftliche Relevanz beurteilen.

Die Bewertung, ob ein Thema originell, machbar und relevant ist, bleibt Aufgabe des Menschen.

Z. Tretinjak, *KI-Tools für Studium und Forschung*, essentials,
https://doi.org/10.1007/978-3-658-51785-4_6

6.2 Kreativität strukturieren: Von der Idee zur Forschungsfrage

KI-Tools unterstützen besonders gut in der **Explorationsphase** – etwa beim Sammeln von Perspektiven oder dem systematischen Eingrenzen weiter Themenfelder.

Ein bewährtes Vorgehen ist die *KI-gestützte Ideenlandkarte:*

1. **Initialeingabe:** allgemeine Themenrichtung formulieren („KI in der Hochschullehre").
2. **Detaillierung:** Unterthemen und Teilfragen vorschlagen lassen.
3. **Clustering:** KI gebeten, die Vorschläge nach Disziplin, Relevanz oder Machbarkeit zu ordnen.
4. **Validierung:** Plausible Themen in Fachliteratur prüfen (via Elicit oder Google Scholar).

Beispiel: Vorschlag möglicher Forschungsthemen

Prompt: „Schlage fünf mögliche Forschungsthemen zum Einfluss generativer KI auf wissenschaftliches Schreiben vor. Bewerte sie nach Originalität, Relevanz und Umsetzbarkeit im Rahmen einer Masterarbeit." ◄

Die Ausgabe kann ein Startpunkt sein, ersetzt aber keine inhaltliche Diskussion mit Betreuenden oder Peers.

6.3 Vom Thema zur belastbaren Forschungsfrage in 4 Schleifen

KI kann Ideen sehr schnell erzeugen – aber gute wissenschaftliche Fragen brauchen eine **Qualitätsprüfung**. Praktisch bewährt hat sich ein iteratives Vorgehen in vier Schleifen.

Schleife 1: Relevanz und Fokus (Worum geht es wirklich?)
Ziel: Aus dem groben Thema eine konkrete Problemstellung machen.
Prompt:

„Ich interessiere mich für [Thema]. Liste 10 konkrete Problemstellungen (1 Satz), ordne sie nach Relevanz für [Fach/Studiengang] und schlage je Problem eine mögliche Variable/Beobachtung vor.“

Schleife 2: Machbarkeit (Kann ich das überhaupt untersuchen?)
Ziel: Daten, Literatur, Zeit, Zugang, Umfang.
Prompt:

„Für Problemstellung Nr. X: Nenne 1) welche Daten/Quellen ich bräuchte, 2) ob das realistisch in [Zeit] ist, 3) welche Alternativen leichter machbar wären.“

Schleife 3: Präzision (Welche Begriffe/Beziehungen sind definiert?)
Ziel: Begriffe, Messbarkeit, Abgrenzung.
Prompt:

„Definiere zentrale Begriffe für Frage X (wissenschaftlich), nenne 3 mögliche Operationalisierungen und typische Missverständnisse.“

Schleife 4: Argumentationspotenzial (Kann ich damit eine starke Arbeit schreiben?)
Ziel: Theoriebezug, Streitpunkte, Gegenargumente, Beitrag.
Prompt:

„Welche 3 theoretischen Perspektiven passen zu Forschungsfrage X? Nenne pro Perspektive 2 Argumente und 1 mögliches Gegenargument.“

Am Ende steht eine Frage, die nicht nur „interessant klingt“, sondern auch **bearbeitbar** und **theorieanschlussfähig** ist.

6.4 Projektplanung mit KI: Struktur, Zeit und Ressourcen

Sobald das Thema steht, lassen sich KI-Tools zur Planung des Arbeitsprozesses nutzen.

Tools wie Notion AI oder Gemini können Aufgabenlisten, Zeitpläne und Meilensteine erzeugen.

Tab 6.1 Projektplanung mit Beispiel-Prompts

Phase	Ziel	Beispiel-Prompt	Ergebnis
Strukturierung	Arbeitspakete definieren	„Erstelle einen Projektplan für eine empirische Studie mit 6 Wochen Laufzeit."	Aufgabenliste mit Zeitrahmen
Risikoplanung	Engpässe erkennen	„Welche Risiken bestehen bei Literaturarbeiten mit KI-Tools?"	Liste mit Gegenmaßnahmen
Ressourcenplanung	Tools und Datenquellen auswählen	„Welche KI-Tools unterstützen Datenanalyse und Quellenverwaltung?"	Toolübersicht mit Funktionen

Wichtig:

- KI sollte unterstützen, nicht delegieren.
- Ergebnisse sind als Vorschläge zu verstehen, nicht als verbindliche Projektpläne.
- Zeit- und Ressourcenplanung müssen an reale Bedingungen angepasst werden (Tab. 6.1).

6.5 Der KI-gestützte Arbeitsplan: Von Meilensteinen zu Wochenpaketen

Viele Arbeiten scheitern nicht am Inhalt, sondern am Projektmanagement: zu spät anfangen, falsche Reihenfolge, keine Puffer. KI eignet sich gut, um aus einem groben Ziel einen robusten Plan zu bauen – wenn du klare Randbedingungen vorgibst.

Schritt 1: Meilensteine definieren
Prompt:

„Erstelle für eine [Seminararbeit/Bachelor/Master] mit [Umfang] und Abgabe am [Datum] einen Meilensteinplan mit 8–10 Meilensteinen (Recherche, Gliederung, Rohfassung, Feedback, Überarbeitung, Formalia). Plane Puffer ein."

Schritt 2: Wochenpakete planen
Prompt:

„Teile den Meilensteinplan in Wochenpakete. Pro Woche: Ziel, konkrete Aufgaben (max. 6), erwartetes Output-Artefakt (z. B. Exzerpte, Kapitelentwurf)."

Schritt 3: Risiko-Puffer und Notfallplan
Prompt:

„Nenne die 7 häufigsten Risiken bei dieser Art Arbeit (z. B. Datenzugang, Literaturflut, Schreibblockade) und gib pro Risiko 1 Präventionsmaßnahme und 1 Notfallmaßnahme."

Schritt 4: Qualitätskontrollpunkte integrieren
Ein guter Plan enthält Fixpunkte für Qualität:

- nach dem Literatur-Screening: „Was ist der Stand der Forschung wirklich?"
- nach 30–40 % Rohtext: „Trägt die Argumentation?"
- vor Abgabe: „Formalia, Zitate, Abbildungen, Konsistenz"

So wird KI nicht zum „Plan-Generator", sondern zum Projekt-Coach – du behältst Steuerung und Verantwortung.

6.6 Dokumentation und Nachvollziehbarkeit

Die Deutsche Forschungsgemeinschaft (DFG) empfiehlt, jede wesentliche KI-Unterstützung im Forschungsprozess zu dokumentieren – auch in frühen Phasen.

Dazu gehören:

- verwendete Tools (Name, Version, Datum),
- Zweck der Nutzung (z. B. Ideengenerierung, Strukturvorschläge),
- Art der übernommenen Ergebnisse.

Beispiel: Mögliche Dokumentation

„Themenideen wurden mit ChatGPT (Version 4, September 2024) generiert und anschließend manuell geprüft." ◄

Diese Transparenz stärkt wissenschaftliche Nachvollziehbarkeit und ethische Integrität.

6.7 Risiken und Grenzen

KI-gestützte Projektplanung birgt potenzielle Gefahren:

- **Konvergenz statt Originalität:** KI generiert oft bekannte Ideen.
- **Bias durch Trainingsdaten:** populäre Themen werden bevorzugt.
- **Scheingenauigkeit:** Zeit- und Aufwandsschätzungen wirken exakt, sind aber nicht empirisch belegt.
- **Fehlende Kontextsensibilität:** Modelle erfassen keine fachspezifischen Rahmenbedingungen.

Deshalb sollten Betreuende und Studierende KI-Vorschläge als Impuls, nicht als Entscheidungshilfe verstehen.

6.8 Zusammengefasst

KI kann die Ideenfindung und Projektplanung erheblich erleichtern – **wenn sie als Partner, nicht als Autorität** genutzt wird.

Reflektierte Prompt-Kompetenz, klare Zieldefinitionen und transparente Dokumentation bilden die Grundlage für eine verantwortungsvolle Nutzung.

Die Kreativität bleibt menschlich, die Struktur kann digital unterstützt sein.

Literaturrecherche und Quellenmanagement mit KI

7

7.1 Die Rolle der KI in der wissenschaftlichen Recherche

Die Literaturrecherche bildet den methodischen Kern wissenschaftlicher Arbeit.

Generative KI kann diesen Prozess beschleunigen, indem sie große Textmengen synthetisiert, Suchbegriffe vorschlägt und Quelleninhalte zusammenfasst.

Dabei ersetzt sie klassische Datenbanken **nicht,** sondern erweitert sie um semantische und interaktive Suchstrategien.

Definition *KI-gestützte Literaturrecherche* bezeichnet den Einsatz generativer oder semantischer KI-Modelle zur Identifikation, Zusammenfassung und Organisation wissenschaftlicher Quellen – unter Beibehaltung der Verantwortung beim Forschenden.

Wichtig KI-Systeme liefern Vorschläge, keine geprüften Zitationen.

Jede Quelle muss manuell auf Existenz, Relevanz und Genauigkeit geprüft werden.

7.2 Suchstrategien und Tool-Typen

Aktuelle Tools unterstützen die Literaturarbeit auf unterschiedliche Weise (Tab. 7.1).

Wichtig Die Nutzung mehrerer Tools ermöglicht Triangulation – Ergebnisse werden gegenseitig überprüft.

Z. Tretinjak, *KI-Tools für Studium und Forschung*, essentials,
https://doi.org/10.1007/978-3-658-51785-4_7

Tab. 7.1 Typen KI-gestützter Recherchetools

Tooltyp	Beispiele	Funktion
Semantische Suchsysteme	Consensus, Elicit	Extrahieren Kernaussagen aus wissenschaftlichen Publikationen und liefern zusammenfassende Antworten.
Chatbasierte Assistenten	Perplexity AI, ChatGPT	Kombinieren Websuche mit Generierung von Antworten und Zitationsvorschlägen.
Dokumenten-Analyzer	SciSpace, ScholarAI	Analysieren hochgeladene PDFs und zeigen Zitationsnetzwerke.
Quellenmanager mit KI-Funktion	Zotero + Scite, Connected Papers	Erkennen Themencluster und verknüpfte Studien.

7.3 Der 7-Schritte-Workflow: KI als Co-Pilot der Literaturarbeit

KI unterstützt Literaturarbeit am besten als **Workflow-Baustein** – nicht als Ersatz für Lesen und Bewerten. Der folgende 7-Schritte-Workflow ist praxiserprobt und skaliert von Seminararbeit bis Masterarbeit.

1. **Suchraum definieren**
   Welche Begriffe, welche Synonyme, welche angrenzenden Konzepte?
   Output: Keyword-Liste + Ausschlussbegriffe.
2. **Erste Trefferliste erzeugen (klassisch + KI-unterstützt)**
   Google Scholar, Fach-Datenbanken, Bibliothekskataloge. Recherche-Tools können dabei helfen, weitere Synonyme/Clusters zu finden.
3. **Screening (Titel/Abstract) – aber regelbasiert**
   KI kann Abstracts zusammenfassen, aber die Entscheidung braucht Regeln.
   Beispielregeln: Zeitraum, Methode, Population, Kontext, Relevanz zur Forschungsfrage.
4. **Volltext-Exzerpte erstellen**
   KI eignet sich gut für: „Was wird behauptet? Welche Methode? Welche Ergebnisse? Welche Limitationen?"
   Output: Exzerpte, die du später direkt in deine Synthese überführen kannst.
5. **Synthese statt Sammlung**
   Der Knackpunkt ist nicht „viele Quellen", sondern „eine Argumentationslinie". KI hilft, Gemeinsamkeiten/Unterschiede zu extrahieren – du musst sie aber fachlich bewerten.

6. **Zitations- und Quellenprüfung**
   Jede Quelle muss real sein und zitierfähig. KI kann Checklisten liefern; die Prüfung erfolgt in Datenbanken/Verlagsseiten/DOI-Lookups.
7. **Nachhaltiges Quellenmanagement**
   Zotero/Citavi/EndNote: Tags, Notizen, Links zu PDFs, kurze Exzerpte.
   KI kann dir beim Tagging helfen („Kategorisiere diese 20 Abstracts nach Themensträngen"), aber die Endkontrolle bleibt bei dir.

Der Workflow verhindert zwei typische Fehler: (a) unstrukturierte „Literaturflut", (b) KI-Text ohne echte Quellenbasis.

7.4 Effiziente Suchtechniken mit Prompts

Eine erfolgreiche KI-Recherche basiert auf gezielten Prompts (siehe Kap. 4). Nützlich sind z. B.:

- „Nenne die zentralen wissenschaftlichen Beiträge zum Thema ‚AI Literacy in Higher Education' nach Publikationsjahr."
- *„Fasse die Hauptargumente der zitierten Studien in max. drei Sätzen zusammen und liefere APA-Zitate."*
- *„Vergleiche die Positionen von (Organisation for Economic Co-operation and Development (OECD), 2023) und (UNESCO, 2024) zur ethischen KI-Bildung."*

Solche Prompts kombinieren Recherche, Zusammenfassung und Vergleich – eine effiziente Erweiterung klassischer Suchstrategien.

Beispiel: Kombinierte Recherche, Zusammenfassung und Darstellung

„Finde Studien zu ‚Prompt Engineering in der Lehre' und liste Autoren, Jahr, Zeitschrift und zentralen Beitrag in Tabelle Form." ◄

Wichtig KI-basierte Zitationen immer verifizieren – durch DOI-Check, Google Scholar oder Datenbank-Abgleich.

7.5 Bewertung und Dokumentation von Quellen

Die Deutsche Forschungsgemeinschaft (DFG) empfiehlt vier Kriterien zur Bewertung KI-gestützter Literaturergebnisse. (Deutsche Forschungsgemeinschaft 2026a)

1. **Nachweisbarkeit:** Existiert die Quelle nachweislich (ISSN, DOI, Verlag)?
2. **Relevanz:** Deckt sie die Forschungsfrage inhaltlich ab?
3. **Aktualität:** Ist das Publikationsjahr angemessen?
4. **Qualität:** Handelt es sich um eine peer-reviewte Veröffentlichung?

Zur Dokumentation empfiehlt sich ein KI-Log im Anhang: Tool, Version, Prompt, Datum, Ergebnis.

Beispiel: KI-Log im Anhang

„Recherche durchgeführt am 18. Oktober 2025 mit Elicit (v1.6): Prompt ‚Key papers on AI literacy in education'; 10 relevante Studien identifiziert." ◄

Diese Transparenz macht den Rechercheprozess nachvollziehbar und prüfbar.

7.6 KI-gestütztes Exzerpieren: Ein Exzerpt-Template, das wirklich schreibtauglich ist

Damit KI-Exzerpte später nicht unbrauchbar sind („klingt nett, aber nicht zitierfähig"), brauchst du ein Template, das auf wissenschaftliche Anschlussfähigkeit optimiert ist.

Exzerpt-Template (zum Copy-Paste)
Prompt:

„Ich gebe dir gleich Text aus einem Paper. Erstelle ein Exzerpt mit folgenden Feldern:

1. Vollständige Quelle (Autor, Jahr, Titel, Journal, DOI falls vorhanden – falls unbekannt: 'unbekannt')
2. Forschungsfrage/Ziel (1–2 Sätze)
3. Theorie/Begriffe (max. 5 Stichpunkte)
4. Methode (Design, Daten, Stichprobe, Messung – 2–4 Stichpunkte)
5. Zentrale Ergebnisse (3–6 Stichpunkte, keine Übertreibungen)

6. Limitationen (2–4 Stichpunkte)
7. Relevanz für meine Forschungsfrage: [hier meine Frage einfügen] (1 Absatz)
8. Mögliche Zitat-Passage: Gib 2–3 kurze Sätze als sinngemäße Paraphrase, aber markiere deutlich 'PARAPHRASE', keine wörtlichen Zitate erfinden.

Wenn Informationen im Text fehlen, schreibe ‚nicht im Auszug enthalten'."

Warum dieses Template funktioniert

- Es trennt sauber zwischen Paper-Inhalt und deiner Relevanzbewertung.
- Es verhindert erfundene Details („nicht im Auszug enthalten").
- Es erzeugt Output, den du direkt in Synthese-Tabellen übernehmen kannst.

Synthese-Tabelle (optional, als nächster Schritt)
Wenn du 8–12 Exzerpte hast, lässt du daraus eine Synthese bauen:

„Erstelle eine Synthese-Tabelle: Zeilen = Papers, Spalten = Theorieansatz|Methode|Hauptergebnis|Limitation|Beitrag zu meiner Frage. Markiere Widersprüche."

Damit kommst du schneller vom Lesen zum Schreiben.

7.7 Quellenmanagement und Nachhaltigkeit

Ein effizientes Quellenmanagement verbindet KI-gestützte Recherche mit klassischen Literaturverwaltungsprogrammen (Zotero, Citavi, EndNote).

Zunehmend werden Plugins angeboten, die automatisch Metadaten und Zusammenfassungen importieren.

Wichtig Automatische Importe können Fehler enthalten.

Vor dem Export in BibTeX oder APA-Format sind Autor:innen, Titel und Jahre zu prüfen.

Langfristig unterstützt KI auch die Wissensorganisation: Cluster-Funktionen in Scite oder Connected Papers zeigen Beziehungen zwischen Publikationen und erleichtern die Themenabgrenzung.

7.8 Grenzen und ethische Überlegungen

- **Verzerrte Datenbasen:** Modelle bevorzugen englischsprachige und populäre Quellen. (Bender u. a. 2021)
- **Fehlende Transparenz:** Viele Tools legen ihre Suchalgorithmen nicht offen.

- **Urheberrechtliche Unsicherheiten:** KI-Zusammenfassungen sind nicht gleichbedeutend mit Zitaten. (Bundesministerium der Justiz 2026a, 2026b)
- **Datenschutz:** Keine geschützten Dokumente hochladen, wenn die Serverstandorte unklar sind.

Die kritische Prüfung bleibt zentrale wissenschaftliche Verantwortung.

7.9 Zusammengefasst

KI macht Literaturrecherche schneller und zugänglicher, aber nicht automatisch besser.

Nur die Verknüpfung von Prompt-Kompetenz, Quellenkritik und Dokumentation sichert wissenschaftliche Qualität.

KI soll Orientierung bieten – nicht Originalität ersetzen.

8 Dokumentation, wissenschaftliche Integrität und rechtliche Leitplanken

Der Einsatz von KI im wissenschaftlichen Arbeiten ist nicht nur eine Frage der Effizienz, sondern auch eine Frage der Integrität. Studierende wollen verständlicherweise vermeiden, unbeabsichtigt Regeln zu verletzen. Gleichzeitig fehlen vielerorts klare, einheitliche Standards. Deshalb ist es sinnvoll, den KI-Einsatz entlang von drei Leitplanken zu ordnen: **Transparenz, Verantwortung** und **Fairness/ Legalität**.

8.1 Transparenz: Was bedeutet „offenlegen" praktisch?

Transparenz bedeutet nicht zwangsläufig, jede einzelne KI-Interaktion auszuschreiben. In der Praxis geht es um angemessene Nachvollziehbarkeit: Betreuende und Prüfer:innen sollen verstehen können, *in welcher Rolle* KI genutzt wurde. Dabei hilft eine Einordnung nach Einsatzarten:

- **Ideen- und Strukturhilfe:** Brainstorming, Gliederungsvorschläge, Formulierungsvarianten
- **Sprachhilfe:** Stil, Grammatik, Kürzen, Verständlichkeit
- **Recherchehilfe:** Suchbegriffe, Screening von Abstracts, Zusammenfassungen
- **Analysehilfe:** Codevorschläge, Interpretation, Visualisierungsvorschläge
- **Präsentationshilfe:** Storyline, Folienstruktur, Speaker Notes

Je stärker KI in Richtung „inhaltlicher Substanz" (Argumentation, Befunde, Interpretationen) eingesetzt wird, desto wichtiger wird Transparenz.

Z. Tretinjak, *KI-Tools für Studium und Forschung*, essentials,
https://doi.org/10.1007/978-3-658-51785-4_8

8.2 Verantwortung: KI liefert Vorschläge – die Verantwortung bleibt beim Menschen

Ein zentraler Irrtum ist die Verwechslung von Output-Qualität mit Wahrheitsgehalt. KI kann sehr überzeugend formulieren, ohne korrekt zu sein. Verantwortung heißt: Du entscheidest, was übernommen wird. Du musst in der Lage sein, jeden übernommenen Punkt zu erklären und zu begründen – notfalls auch ohne KI.

Praktische Konsequenz: Nutze KI nicht als Ersatz für Verständnis, sondern als Verstärker für deinen Arbeitsprozess. Gute Nutzung bedeutet:

- KI erzeugt Optionen → du triffst Auswahl
- KI schlägt Formulierungen vor → du verantwortest Inhalt
- KI hilft beim Strukturieren → du begründest Struktur
- KI liefert mögliche Interpretationen → du prüfst sie gegen Daten und Literatur

8.3 Fairness und Legalität: Wo Risiken typischerweise entstehen

8.3.1 Plagiatsrisiko (auch ohne Absicht)

Wenn KI Text auf Basis gelernter Muster erzeugt, kann der Text unbeabsichtigt sehr nah an existierenden Formulierungen liegen. (Carlini u. a. 2021) Selbst wenn keine wörtliche Kopie vorliegt, besteht das Risiko, dass typische Argumentationsmuster oder „klassische" Formulierungen übernommen werden, ohne dass die dahinterliegenden Quellen sauber erarbeitet wurden. Wissenschaftlich problematisch wird es spätestens dann, wenn inhaltliche Aussagen ohne Primärquelle verwendet werden.

8.3.2 Quellen- und Zitatrisiko

KI kann Quellen „halluzinieren" oder ungenau referenzieren. Besonders gefährlich ist das, wenn Studierende Literaturangaben ungeprüft ins Literaturverzeichnis übernehmen. Regel: Jede Quelle muss unabhängig auffindbar und prüfbar sein (DOI, Verlag, Journalseite, Bibliothekskatalog).(Huang u. a. 2023)

8.3.3 Datenschutz und Vertraulichkeit

Texte aus nicht öffentlichen Kontexten (z. B. Interviewtranskripte, interne Unternehmensdaten, personenbezogene Informationen) dürfen nicht unkritisch in offene Systeme kopiert werden. Sobald Daten sensibel sind, sollte man entweder auf institutionelle Lösungen zurückgreifen oder Inhalte anonymisieren und abstrahieren.

8.4 Dokumentationsmodelle: von minimal bis ausführlich

Um unterschiedlich strenge Anforderungen abzudecken, helfen drei Dokumentationsniveaus:

1. **Niveau 1: Minimal (für die meisten Seminararbeiten ausreichend)**
   - 1–3 Sätze in einer Methodik-/Hinweispassage, welche Rollen KI hatte
   - Hinweis: „alle Inhalte geprüft, Verantwortung beim Autor“
2. **Niveau 2: Standard (für Abschlussarbeiten empfehlenswert)**
   - kurzer Abschnitt: „KI-Einsatz im Arbeitsprozess“ (Planung, Literatur, Schreiben, Analyse)
   - grobe Beschreibung, welche Outputs übernommen wurden (z. B. Formulierungsvarianten, nicht aber fertige Argumentation)
3. **Niveau 3: Voll (für kritische Kontexte/auf Nachfrage)**
   - Prompt-Protokoll als Anhang (ausgewählte Prompts + Validierungsschritte)
   - ggf. getrennte Ablage von KI-Outputs und eigener Endfassung

8.5 Mustertexte für die Arbeit (sofort nutzbar)

1. **Kurzform (1 Satz):**
   „Zur Unterstützung in Themenstrukturierung, sprachlicher Überarbeitung und Ideengenerierung wurden KI-Tools eingesetzt; alle Inhalte wurden fachlich geprüft und eigenständig finalisiert.“
2. **Standardform (Absatz):**
   „KI-Tools wurden unterstützend in einzelnen Arbeitsphasen genutzt (Ideenfindung, Strukturierung, sprachliche Glättung, Formulierungsalternativen). Fakten, Quellen und zentrale Argumente wurden anhand der Primärliteratur sowie eigener Prüfung validiert. Die Verantwortung für Auswahl, Bewertung und finalen Text liegt vollständig beim Autor.“

3. **Erweitert (mit Phasen):**
„In der Planungsphase wurden KI-Tools zur Generierung und Eingrenzung von Themenideen genutzt. In der Literaturphase unterstützten sie bei der Ableitung von Suchbegriffen und beim Screening von Abstracts; alle übernommenen Quellen wurden in Datenbanken verifiziert. In der Schreibphase dienten KI-Tools der sprachlichen Überarbeitung und der Prüfung von Argumentationslogik. In der Analysephase wurden Vorschläge für Auswertungsschritte und Visualisierungen erzeugt und anschließend durch eigene Rechen- und Plausibilitätsprüfungen bestätigt."

▶ **Do's & Don'ts (Integrität)** **Do:** KI als Tutor/Editor/Sparringspartner nutzen; Quellen verifizieren; Unsicherheiten markieren; eigenes Verständnis priorisieren.

Don't: KI-Quellen ungeprüft übernehmen; ganze Abschnitte „durchlaufen lassen" und copy-pasten; sensible Daten hochladen; KI als Ausrede für Fehler nutzen.

Datenanalyse und -visualisierung mit KI

9

9.1 Rolle der KI in der wissenschaftlichen Datenanalyse

Generative und analytische KI-Modelle erweitern klassische statistische Verfahren um automatisierte Mustererkennung, semantische Klassifikation und visuelle Exploration großer Datenmengen.

Sie können Trends sichtbar machen, Hypothesen generieren und komplexe Datensätze verständlich darstellen.

Definition *KI-gestützte Datenanalyse* bezeichnet den Einsatz von Machine-Learning- oder Large-Language-Modellen zur Aufbereitung, Interpretation und Präsentation empirischer Daten unter Beachtung wissenschaftlicher Nachvollziehbarkeit.

Wichtig KI liefert Vorschläge, keine „objektiven Wahrheiten".

Interpretationen müssen durch fachliche Prüfung und methodische Validierung abgesichert werden.

9.2 Methodische Ansätze

KI-gestützte Datenanalyse lässt sich in drei Hauptformen gliedern (Tab. 9.1).

Diese Methoden können mit gängigen Statistik-Tools (SPSS, R, Python) kombiniert oder über KI-Plattformen wie **ChatGPT ADA, Gemini Advanced** oder **Notion AI Data Insights** eingesetzt werden.

Z. Tretinjak, *KI-Tools für Studium und Forschung*, essentials,
https://doi.org/10.1007/978-3-658-51785-4_9

Tab. 9.1 Formen der KI-gestützten Datenanalyse

Ansatz	Ziel	Beispiele
Deskriptiv	Muster und Häufigkeiten erkennen	Text Mining, Clustering, Keyword-Extraktion
Explorativ	Hypothesen generieren	Topic Modeling, semantische Netzwerke
Prädiktiv	Vorhersagen aus Trainingsdaten ableiten	Regressions- oder Klassifikationsmodelle

9.3 KI-Tools für Analyse und Visualisierung

Die Tool-Landschaft entwickelt sich rasant (Tab. 9.2).

Tab. 9.2 Beispiele für KI-basierte Analysetools

Tool	Funktion	Anwendung in der Forschung
ChatGPT (ADA Modus)	Datenauswertung in natürlicher Sprache	Textstatistik, einfache Regressionsanalysen
Gemini Advanced	Multimodale Analyse (Text + Tabellen + Bilder)	Dateninterpretation, Code-Generierung
SciSpace Analyst	Analyse wissenschaftlicher Texte	Extraktion von Ergebnistabellen, Visualisierung
Notion AI	Automatisierte Dashboards und Trendberichte	Projektmonitoring, Datenauswertung im Team

Beispiel: Analyse und Visualisierung

„Analysiere die Umfragedaten zur Nutzung von KI-Tools (n = 200) und visualisiere Häufigkeiten und Korrelationen in Tabellenform.“ ◄

9.4 Methodenwahl mit KI: Von Datentyp zu Analyseplan

Viele Studierende wählen statistische Methoden „nach Gefühl“ oder nach dem, was sie schon einmal gesehen haben. KI kann helfen, aus Forschungsfrage, Datentyp und Studiendesign einen **plausiblen Analyseplan** zu entwickeln – vorausgesetzt, du gibst korrekte Angaben.

1. Klärungscheck: Was sind meine Variablen?
   Prompt:
   „Ich habe folgende Forschungsfrage: ...
   Variablen: X = ... (Skalenniveau?), Y = ... (Skalenniveau?), Kontrollvariablen: ...
   Studiendesign: Querschnitt/Längsschnitt/Experiment/Panel.
   Empfiehl mir 2–3 passende Analysewege (z. B. t-Test, ANOVA, Regression, logistische Regression), begründe kurz, nenne Annahmen und wie ich sie prüfe."
2. **Annahmen & Robustheit**
   Prompt:
   „Für den Analyseweg A: Liste Annahmen (Normalverteilung, Varianzhomogenität, Unabhängigkeit etc.) und gib mir konkrete Prüf-Schritte (auch mit Beispielcode/Software-Menüpunkten). Nenne 1–2 robuste Alternativen, falls Annahmen verletzt sind."
3. **Interpretationshilfe ohne „Scheinsicherheit"**
   Prompt:
   „Erkläre mir, wie ich die wichtigsten Kennzahlen interpretiere (Effektgröße, Konfidenzintervall, p-Wert). Lege dabei offen, wo typische Fehlinterpretationen passieren."

So unterstützt dich KI beim Methodenverständnis – aber: **Die fachliche Verantwortung bleibt bei dir.** Du musst prüfen, ob der Vorschlag zu deinem Kursniveau, deiner Datenqualität und deiner Forschungsfrage passt.

9.5 Reproduzierbarkeit: KI-Analyse so dokumentieren, dass sie wissenschaftlich belastbar ist

Ein häufiges Problem bei KI-gestützter Analyse ist die schlechte Nachvollziehbarkeit: Welche Transformationen wurden durchgeführt? Welche Filter? Welche Parameter? Wissenschaftlich sauber wird es, wenn du Analyse mit einem **Audit-Trail** dokumentierst.

9.5.1 Minimal-Dokumentation (für Seminararbeiten oft ausreichend)

- Datensatz: Herkunft, Zeitraum, Variablen, Missing-Values
- Bereinigungen: was wurde entfernt/ersetzt/umkodiert

- Analyse: Methode, Annahmen, Tests, Software/Tool
- Output: Tabellen/Grafiken, Kennzahlen, Interpretationslogik
- KI-Einsatz: wofür genau (Code-Erzeugung? Interpretation? Visualisierung?), was hast du geprüft?

9.5.2 Audit-Trail-Prompt (sehr praktisch)

„Erstelle mir eine Dokumentationsnotiz (max. 200 Wörter) für meinen Methodik-Teil: Welche Schritte wurden an den Daten durchgeführt? Nutze neutrale wissenschaftliche Sprache. Ich gebe dir gleich die Schritte in Stichpunkten."

9.5.3 Code-Nachvollziehbarkeit

Wenn KI Code liefert (z. B. Python/R), speichere:

- den finalen Code
- verwendete Bibliotheken/Versionen (wenn möglich)
- die Ausgabe (Tabelle/Grafik)
- kurze Begründung, warum du diese Methode gewählt hast

So kannst du im Zweifel zeigen: *„Ich habe die KI benutzt, aber ich kann das Vorgehen erklären und wiederholen."*

9.6 KI als Statistik- und Methoden-Coach: Kompetenzaufbau statt Blackbox

Gerade in BWL, VWL und Finance ist Datenanalyse oft der Teil, der am meisten Zeit kostet – nicht, weil Rechnen schwer wäre, sondern weil methodische Entscheidungen unsicher sind: Welche Methode passt zur Forschungsfrage? Welche Voraussetzungen gelten? Was ist eine saubere Interpretation? KI kann hier enorm helfen – allerdings nur, wenn sie nicht zur Blackbox wird.

9.6.1 Methodenwahl systematisch: Forschungsfrage → Daten → Verfahren

Eine robuste Methodenwahl folgt drei Schritten:

1. **Forschungsfrage-Typ bestimmen:** Vergleich, Zusammenhang, Erklärung, Prognose, Wirkung, Gestaltung.
2. **Datenstruktur klären:** Skalen (nominal/ordinal/metrisch), Stichprobe, Panel/ Time Series, Missing Values.
3. **Verfahren ableiten:** z. B. Mittelwertvergleiche, Korrelation/Regression, Logit/ Probit, Zeitreihenmodelle, qualitative Codierung, Mixed-Methods.

KI kann Schritt 3 beschleunigen, aber Schritt 1 und 2 musst du selbst sauber liefern.

Prompt
„Meine Forschungsfrage ist … Datentyp: … Variablen: … Stichprobe: … Nenne 3 geeignete Verfahren und begründe jeweils: (a) warum passend, (b) Annahmen, (c) typische Fehler, (d) wie ich Voraussetzungen prüfe."

9.6.2 KI als Debugger: Fehler finden, bevor sie peinlich werden

KI kann überraschend gut typische methodische Fehler erkennen, wenn du ihr deine Schritte gibst:

- **Interpretationsfehler:** Verwechslung von Korrelation und Kausalität
- **Modellfehler:** falsche Variablenkodierung, fehlende Kontrollvariablen
- **Datenfehler:** Ausreißer, Missing-Mechanismen, Dubletten
- **Visualisierungsfehler:** Achsen verzerrt, falscher Diagrammtyp

Prompt
„Hier sind meine Analyse-Schritte + Ergebnisse (Kennzahlen). Prüfe auf typische Fehler und nenne 5 Dinge, die ich zusätzlich testen sollte."

9.6.3 Ergebnistext ohne Überbehauptungen

Viele KI-Outputs klingen zu sicher. Für wissenschaftliche Texte ist es besser, Unsicherheiten sauber zu markieren:

- „Die Ergebnisse **deuten darauf hin** …"
- „Im Rahmen der Stichprobe **zeigt sich** …"
- „Eine kausale Interpretation ist **nicht möglich**, da …"
- „Weitere Forschung wäre nötig, um … zu prüfen."

Prompt
„Formuliere einen Ergebnisabschnitt aus diesen Kennzahlen. Regeln: keine Kausalität ohne Design, nenne Limitationen, nenne 2 alternative Erklärungen."

9.6.4 Robustheit & Sensitivität: kleine Checks mit großem Effekt

Auch einfache Robustheitschecks erhöhen Qualität:

- alternative Spezifikation (z. B. log-transformierte Variable)
- Entfernen extremer Ausreißer
- Kontrollvariablen ergänzen
- Subgruppenanalyse (wenn sinnvoll)

Prompt
„Schlage 4 einfache Robustheitschecks für mein Modell vor. Erkläre jeweils, was ich daraus lernen kann."

▶ **Ist meine Analyse vorzeigbar?**
- Ich kann erklären, warum diese Methode passt.
- Ich habe Voraussetzungen geprüft (oder begründet, warum nicht möglich).
- Ich habe mindestens einen Robustheitscheck gemacht.
- Ich formuliere Ergebnisse ohne Übertreibung.
- Ich kann jeden Schritt reproduzieren.

9.7 Visualisierung mit KI

KI-gestützte Visualisierungen ermöglichen neue Formen der Datenkommunikation: Diagramme werden automatisch erstellt, kommentiert und optimiert.

Beautiful.AI, **Canva Magic Design** oder **Gamma App** unterstützen die Gestaltung wissenschaftlicher Präsentationen mit konsistentem Design.

Wichtig

- Daten müssen vor der Visualisierung geprüft und anonymisiert werden.
- KI-generierte Diagramme sind als *eigene Darstellung nach Datenquelle X* zu kennzeichnen.
- Farbschemata und Achsenbeschriftungen kritisch prüfen – generative Tools neigen zu Vereinfachungen.

9.8 Qualitätssicherung und Nachvollziehbarkeit

Die Deutsche Forschungsgemeinschaft (DFG) fordert, dass alle Rechenschritte dokumentiert und reproduzierbar sind – auch bei KI-gestützten Analysen.

Empfohlen wird:

- Speicherung der genutzten Prompts und Systemantworten,
- Offenlegung verwendeter Datensätze und Parameter,
- ggf. manuelle Überprüfung durch klassische Statistik-Software.

Beispiel: Dokumentierte und reproduzierbare Rechenschritte

„Analyse durchgeführt mit ChatGPT (ADA, v 4.5, 10/2025); Prompt: ‚Berechne Mittelwert, SD und 95 %-CI für Variable X.‘ Ergebnisse verifiziert mit R 4.3.1.“ ◄

Diese Kombination aus Automatisierung und Kontrolle gewährleistet methodische Transparenz.

9.9 Grenzen und ethische Aspekte

- **Black-Box-Problematik:** Modelle offenbaren keine Entscheidungslogik.
- **Scheingenauigkeit:** KI kann statistische Ergebnisse plausibel, aber fehlerhaft formulieren.

- **Datenschutz:** Personenbezogene Daten dürfen nur mit expliziter Zustimmung verarbeitet werden. (Europäische Union (EU) 2016).
- **Urheberrecht:** KI-Visualisierungen sind nur als Hilfsmittel, nicht als geistige Eigenleistung zu deklarieren. (Bundesministerium der Justiz 2026b; Springer Nature 2026).

9.10 Zusammengefasst

KI-gestützte Datenanalyse vereinfacht komplexe Berechnungen und Darstellungen, ersetzt jedoch keine wissenschaftliche Prüfung.

Die Zukunft der Forschung liegt in der **Kooperation von Mensch und Maschine**:

menschliche Bewertungskraft kombiniert mit maschineller Rechenleistung.

Wissenschaftlich schreiben mit KI 10

10.1 Schreiben im Spannungsfeld von Effizienz und Verantwortung

Generative KI kann den Schreibprozess erheblich erleichtern – von der Strukturplanung über das Formulieren bis zur Stilüberprüfung.

Gleichzeitig stellt sie Forschende vor die Frage: *Wo endet Unterstützung, wo beginnt Fremdautorschaft?*

Definition *KI-gestütztes wissenschaftliches Schreiben* bezeichnet den reflektierten Einsatz von Sprachmodellen zur Textproduktion, –überarbeitung und -optimierung unter Wahrung der wissenschaftlichen Eigenleistung.

Wichtig KI darf **nicht** als Mitautorin auftreten. (COPE Council 2023)

Die Verantwortung für Inhalt, Quellen und Schlussfolgerungen liegt immer beim Menschen.

10.2 KI im Schreibprozess: Einsatzphasen

KI kann in allen Phasen des Schreibens unterstützen (Tab. 10.1).

Beispiel: Einleitungstext anhand vorgegebener Gliederung

„Erstelle aus folgender Gliederung (1–5) einen wissenschaftlichen Einleitungstext im Stil eines Springer-Essentials.“ ◄

Z. Tretinjak, *KI-Tools für Studium und Forschung*, essentials,
https://doi.org/10.1007/978-3-658-51785-4_10

Tab. 10.1 Phasen des wissenschaftlichen Schreibens und KI-Unterstützung

Phase	KI-Unterstützung	Typische Tools	Hinweise
Planung	Themenstrukturierung, Gliederungsvorschläge	ChatGPT, Notion AI	Struktur prüfen, Eigenleistung klar markieren
Formulierung	Stilkorrekturen, Satzvariation, Übersetzungen	ChatGPT, Gemini	Urheberrechtliche Verantwortung bleibt menschlich
Überarbeitung	Kohärenzprüfung, Abstract-Generierung	Grammarly, DeepL Write	Ergebnisse kritisch gegenlesen
Zitation & Quellen	Formatierung, Quellensuche	SciSpace, Consensus	Zitate manuell validieren

Solche Prompts eignen sich für Stilberatung – **nicht** für komplette Textübernahme.

10.3 Qualitätskriterien für KI-gestützte Texte

Die Deutsche Forschungsgemeinschaft (DFG) empfiehlt drei Qualitätskriterien:

1. **Nachvollziehbarkeit:** Offenlegung von Tools, Versionen und Prompt-Arten.
2. **Eigenleistung:** Autor:innen müssen den intellektuellen Kern selbst erbringen.
3. **Kennzeichnung:** KI-Nutzung ist im Methodenteil oder Anhang zu dokumentieren.

Wichtig

- KI darf grammatikalische oder sprachliche Unterstützung leisten.
- Bei inhaltlicher Texterstellung ist *transparente Deklaration* erforderlich.
- Alle automatisch generierten Quellen müssen überprüft werden.

Beispiel für eine korrekte Angabe

„Teile dieses Kapitels wurden mit ChatGPT (v4.5, Okt. 2025) sprachlich überarbeitet. Inhaltliche Verantwortung liegt vollständig bei der Autorin.“ ◄

10.4 Stilistische und ethische Grenzen

KI-Modelle optimieren Stil, können aber auch den individuellen Ausdruck glätten.

Wissenschaftliche Texte leben jedoch von Argumentation, Reflexion und Quellenarbeit – nicht von Textglätte.

Wichtig

- Keine wörtlichen KI-Texte ohne Bearbeitung übernehmen.
- KI-generierte Paraphrasen kritisch gegen Originale prüfen.
- Bei englischen Übersetzungen durch KI immer *double check* durch Fachlektorat.

Ethik-Aspekte

- **Plagiatsrisiko:** KI kann unbeabsichtigt bestehende Texte reproduzieren.
- **Bias:** Schreibvorschläge spiegeln Trainingsdaten.
- **Fairness:** Transparente Angabe verhindert unbewusste Täuschung.

10.5 Reflexion und didaktischer Nutzen

Im Studium kann KI-Schreiben Reflexionsprozesse fördern.

Studierende lernen, Feedback zu interpretieren, Argumente zu verdichten und stilistische Varianten zu prüfen.

KI wird so zu einem didaktischen *Sparringspartner* für Schreibkompetenz.

Beispiel für Lehrpraxis

Studierende vergleichen einen KI-generierten Text mit einem eigenen Entwurf, identifizieren Unterschiede in Struktur und Argumentation und bewerten, welche Fassung wissenschaftlich überzeugender ist. ◄

Diese Form der Meta-Schreibkompetenz gilt als zukunftsrelevante Fähigkeit.

10.6 Zusammengefasst

Generative KI kann das wissenschaftliche Schreiben produktiver, aber nicht automatisch besser machen.

Sie unterstützt Sprachklarheit und Struktur – ersetzt jedoch keine kritische Reflexion.

Verantwortung, Transparenz und Eigenleistung bleiben die Maßstäbe wissenschaftlicher Integrität.

Wissenschaftliches Präsentieren mit KI 11

11.1 Neue Dimensionen akademischer Präsentation

Präsentationen gehören zu den zentralen Formen wissenschaftlicher Kommunikation.

Künstliche Intelligenz erweitert ihre Möglichkeiten: Sie kann Texte verdichten, Visualisierungen erzeugen und Layouts automatisch an Zielgruppen anpassen.

Damit entsteht ein neues Spannungsfeld zwischen technischer Effizienz und wissenschaftlicher Authentizität.

Definition KI-gestützte wissenschaftliche Präsentation bezeichnet die Nutzung generativer oder assistiver Systeme zur inhaltlichen Strukturierung, Visualisierung und Optimierung von Präsentationen im akademischen Kontext.

Wichtig KI kann Form und Verständlichkeit verbessern, aber nicht die Argumentation übernehmen. Die wissenschaftliche Verantwortung bleibt bei den Präsentierenden.

11.2 Tools und Funktionen

Eine Vielzahl von Anwendungen unterstützt die Präsentationsgestaltung (Tab. 11.1).

Z. Tretinjak, *KI-Tools für Studium und Forschung*, essentials,
https://doi.org/10.1007/978-3-658-51785-4_11

Tab. 11.1 KI-basierte Präsentationstools und ihre Einsatzfelder

Tool	Funktion	Besonderheit
Beautiful.AI	Automatische Layouts und Folienstruktur	Konsistentes Design, Corporate Templates
Canva Magic Design	KI-generiertes Foliendesign	Integration von Text, Bild und Diagramm
Gamma App	Storytelling-orientierte Präsentationen	Lineares und narratives Präsentationsformat
PowerPoint Copilot	Text-to-Slide-Funktion	Integration in Office-Umgebungen
Notion AI	Präsentationsvorlagen und Redaktionsvorschläge	Kollaboratives Arbeiten

Beispiel: Erstellung eines strukturierten Entwurfs

„Erstelle eine 5-Folien-Präsentation über ethische Aspekte generativer KI im Studium, mit Titel, Struktur, Bulletpoints und Abschlussfolie mit Handlungsempfehlungen.“ ◄

KI kann in Sekunden strukturierte Entwürfe generieren, die anschließend manuell überprüft und ergänzt werden sollten.

11.3 Didaktische und wissenschaftliche Anforderungen

Wissenschaftliche Präsentationen erfüllen eine doppelte Funktion: Sie vermitteln Erkenntnisse und demonstrieren methodische Kompetenz.

KI kann bei beiden unterstützen – aber nicht ersetzen.

- **Kognitive Funktion:** Visualisierung komplexer Daten oder theoretischer Modelle (z. B. Diagramme aus Excel-Tabellen über ChatGPT ADA).
- **Kommunikative Funktion:** Unterstützung bei Sprachfassung und Storyline (z. B. mit Notion AI).
- **Didaktische Funktion:** Gestaltung adaptiver Lehrpräsentationen (z. B. Lernpfade oder Quiz-Fragen durch Gemini).

Wichtig Jede KI-basierte Visualisierung ist als „eigene Darstellung nach Datenquelle X“ zu kennzeichnen.

11.4 Ethische und formale Leitlinien

Gemäß Deutscher Forschungsgemeinschaft (DFG) gilt:

- Der Einsatz von KI ist offen zu legen (Tool, Version, Datum).
- Es dürfen keine KI-generierten Bilder oder Grafiken verwendet werden, die Urheberrechte verletzen. (Springer Nature 2026)
- KI darf nicht als Co-Autor:in oder Co-Präsentierende genannt werden. (COPE Council 2023; Deutsche Forschungsgemeinschaft 2026b)
- Präsentationen müssen überprüfbare Quellen enthalten – keine ausschließlich generierten Aussagen.

Beispiel für korrekte Kennzeichnung

„Visualisierung erstellt mit Canva Magic Design (2025). Inhaltliche Prüfung und Datenbasis: eigene Berechnungen." ◀

Wichtig Transparenz ist entscheidend, um Glaubwürdigkeit und wissenschaftliche Redlichkeit zu sichern.

11.5 Best Practices für den Praxiseinsatz

1. **Struktur zuerst, Design danach:** Gliederung manuell erstellen, dann KI-Tools für Layout oder Design einsetzen.
2. **Inhalt prüfen:** Fakten und Zitate mit Originalquellen abgleichen.
3. **Visuelles Storytelling:** KI als Werkzeug für Narrativentwicklung, nicht für Meinungsbildung nutzen.
4. **Sprache reflektieren:** KI-gestützte Formulierungsvorschläge auf Fachlichkeit und Neutralität prüfen.
5. **Didaktische Integration:** KI kann interaktive Lernfolien oder Quizfragen generieren, sollte aber nicht zur Bewertung eingesetzt werden.

11.6 Präsentations-Prompts, die sofort funktionieren

Hier sind vier Prompt-Vorlagen, die in der Praxis sehr zuverlässig sind. Du passt nur die eckigen Klammern an.

Folien-Storyline (10–12 Folien, 10 min)
„Du bist Präsentationscoach. Erstelle eine Folien-Storyline für einen 10-Minuten-Vortrag zu [Thema]. Zielgruppe: [Bachelor/Master]. Output: Liste mit 10–12 Folien: Titel +2–4 Bulletpoints je Folie. Baue ein: Motivation, Forschungsfrage, Methode/Ansatz, 2 Kernbefunde/Argumente, Limitationen, Takeaways."

Von Text zu Folien (Verdichtung)
„Hier ist mein Abschnitt (Text folgt). Verdichte auf Folienformat: 1 Folie pro Kernidee. Jede Folie: Titel + max. 4 Bulletpoints, keine ganzen Absätze. Sprache: sachlich, präzise."

Q&A-Trainer (kritische Fragen)
„Spiele ein kritisches Publikum. Stelle mir 12 mögliche Fragen zu meinem Vortrag (davon 4 sehr kritisch). Gib zu jeder Frage eine kurze Musterantwort (max. 3 Sätze) und nenne eine Stelle, wo ich ‚ehrlich Unsicherheit' kommunizieren sollte."

Sprecher*in-Notizen (ohne ablesen)
„Erstelle zu jeder Folie 3–5 Sprecher-Notizen als kurze, natürliche Sätze. Keine Floskeln. Ziel: frei sprechen können. Wenn ein Punkt unklar ist, stelle Rückfragen."

Damit baust du nicht nur Folien, sondern auch Souveränität in Vortrag und Diskussion.

11.7 Chancen und Grenzen

Chancen

- Zeitersparnis durch automatisierte Formatierung.
- Professionelle Visualisierungen auch ohne Designkenntnisse.
- Niedrigere Einstiegshürde für Studierende mit wenig Präsentationserfahrung.

Grenzen

- Gefahr der *Überästhetisierung:* Design dominiert Inhalt.
- Risiko von Informationsfehlern in automatisch generierten Texten.
- Fehlende Originalität: KI-Vorlagen ähneln sich stark.

Wichtig KI ist Werkzeug, kein Ersatz für Argumentation, Quellenkritik oder Authentizität.

11.8 Zusammengefasst

KI-gestützte Präsentationstools bieten wertvolle Unterstützung, wenn sie reflektiert genutzt werden.

Sie fördern klare Struktur, ansprechendes Design und Zeitersparnis – setzen jedoch wissenschaftliche Verantwortung und Transparenz voraus.

Die überzeugendste Präsentation bleibt diejenige, in der Technik den Gedanken dient, nicht umgekehrt.

12 Fallstudien – komplette Beispiele von 0 bis Abgabe

Die folgenden Fallstudien zeigen typische Szenarien aus Studium und Forschung. Ziel ist nicht, eine „perfekte" KI-Nutzung zu demonstrieren, sondern realistische Workflows, inklusive Checks, Risiken und guter Praxis. Jede Fallstudie besteht aus: Ziel, Ausgangslage, Workflow, Prompt-Beispielen, Qualitätskontrolle und typischen Fehlern.

12.1 Fallstudie 1: Seminararbeit – Literaturübersicht und Argumentationsstruktur

Ausgangslage
Eine Studierende soll eine Seminararbeit (15 Seiten) schreiben. Thema: „Einfluss generativer KI auf Lernverhalten im Studium". Es gibt bereits viele Artikel, aber unklar ist, wie man daraus eine klare Struktur baut.

Ziel

- Forschungsfrage präzisieren
- Literatur sauber finden und sortieren
- Argumentationslinie entwickeln
- Text in wissenschaftlichem Ton verfassen, ohne generische Aussagen

Z. Tretinjak, *KI-Tools für Studium und Forschung*, essentials,
https://doi.org/10.1007/978-3-658-51785-4_12

Workflow

Schritt 1 – Themenraum → Forschungsfrage

Die Studierende startet mit einer breiten Idee. KI wird genutzt, um Frageformate zu erzeugen und die Eingrenzung zu erleichtern.

Prompt:

„Ich möchte über KI und Lernen schreiben. Entwickle 10 mögliche Forschungsfragen, jeweils in den Formaten: Vergleich, Wirkung, Erklärung, Gestaltung. Gib pro Frage: mögliche Unterfragen, geeignete Methoden, typische Datenquellen."

Qualitätscheck

- Ist die Frage zu breit?
- Ist sie empirisch oder theoretisch?
- Passt sie zu 15 Seiten?

Schritt 2 – Suchbegriffe und Cluster

Prompt:

„Meine vorläufige Forschungsfrage lautet … Erstelle Suchbegriffe DE/EN, Synonyme, 5 thematische Cluster. Gib außerdem Ausschlussbegriffe, um irrelevante Treffer zu vermeiden."

Schritt 3 – Literatur suchen (klassisch) + KI-Screening

Die Studierende sucht in Scholar und Bibliotheksdatenbanken. Danach nutzt sie KI zum Sortieren von Abstracts:

Prompt:

„Ich gebe dir 12 Abstracts. Ordne sie nach Relevanz (hoch/mittel/niedrig) und begründe jeweils in 1 Satz. Gib pro Abstract 2 mögliche Verwendungsstellen (Theorie, Methode, Diskussion)."

Schritt 4 – Struktur bauen

Aus den Clustern entsteht eine Gliederung.

Prompt:

„Basierend auf diesen Clustern und den 8 wichtigsten Quellen: Erstelle eine Gliederung für eine 15-seitige Seminararbeit. Vorgaben: 1) Einleitung, 2) Theorie/Stand der Forschung, 3) Diskussion, 4) Fazit. Schätze grob Seitenumfang je Kapitel."

Schritt 5 – Schreiben als Denktext, dann Editor-Modus

Die Studierende schreibt zuerst selbst Stichpunkte pro Abschnitt. KI wird anschließend als Editor verwendet.

Prompt (Editor):
„Hier sind Stichpunkte für Abschn. 2.2. Formuliere daraus einen wissenschaftlichen Absatz (200–250 Wörter). Regeln: keine erfundenen Quellen, keine Superlative, klare Übergänge."

Schritt 6 – Argumentationsprüfung (Advocatus Diaboli)
Prompt:
„Hier ist mein Theorieabschnitt. Greife ihn an: Welche 5 Gegenargumente sind am stärksten? Wo sind Logiklücken? Welche Begriffe sind unklar?"

Typische Fehler und Gegenmaßnahmen

- **Fehler:** KI-Text klingt gut, bleibt aber allgemein.
  Gegenmaßnahme: „Kontext erzwingen" (Zielgruppe, Modul, konkrete Beispiele).
- **Fehler:** Quellenliste enthält falsche Angaben.
  Gegenmaßnahme: Jede Quelle in Scholar/Verlag prüfen.
- **Fehler:** Argumentation ist nur „Pro KI" oder „Contra KI".
  Gegenmaßnahme: systematisch Gegenposition einbauen.

Ergebnis
Die Seminararbeit gewinnt durch klare Forschungsfrage, strukturierte Literatur und saubere Argumentation. KI beschleunigt Struktur/Überarbeitung, ersetzt aber nicht das Literaturverständnis.

12.2 Fallstudie 2: Bachelorarbeit – Datenanalyse + Ergebnisabschnitt

Ausgangslage
Ein Student untersucht in einer Bachelorarbeit (ca. 35–45 Seiten), ob Lernzeit und Noten (oder ein anderer Performance-Indikator) zusammenhängen. Er hat Umfragedaten (CSV/Excel) mit 200 Fällen. Problem: Unsicherheit bei Methode, Interpretation und Visualisierung.

Ziel

- Analyseplan entwickeln
- Daten korrekt beschreiben und prüfen
- geeignete Modelle anwenden
- Ergebnisse wissenschaftlich korrekt interpretieren

Workflow

Schritt 1 – Datenprofil erstellen

Prompt:

„Hier ist mein Datensatz (Variablenliste: ...). Erstelle: Datentypen, Missing-Rate, mögliche Ausreißer, potenzielle Kodierungsprobleme. Stelle Rückfragen, wenn etwas unklar ist."

Schritt 2 – Methode begründen

Prompt:

„Meine Forschungsfrage lautet ... Welche Verfahren sind geeignet? Erkläre Voraussetzungen und nenne, wie ich sie prüfe. Gib eine Empfehlung für ein Basismodell und ein alternatives Robustheitsmodell."

Schritt 3 – Rechnen/Implementieren

Wenn der Student in Excel arbeitet, kann KI Formeln/Schritte erklären. Wenn er in R/Python arbeitet, kann KI Codevorschläge liefern.

Prompt (Codeassist):

„Schreibe mir R/Python-Code für: Deskriptivstatistik, Korrelation, lineare Regression, Visualisierung (Streudiagramm + Trendlinie). Kommentiere jeden Schritt."

Schritt 4 – Robustheit

Prompt:

„Welche 4 Robustheitschecks sind sinnvoll (z. B. Ausreißer, alternative Skalierung, Kontrollvariablen)? Erkläre, was sich dadurch verändert."

Schritt 5 – Ergebnistext ohne Kausalitätsfehler

Prompt:

„Formuliere den Ergebnisabschnitt (ca. 400–600 Wörter) aus diesen Kennzahlen: ... Regeln: keine Kausalität, nenne Effektgröße, nenne Limitationen, nenne alternative Erklärungen."

Typische Fehler und Gegenmaßnahmen

- **Fehler:** Korrelation als Ursache interpretiert.
  Gegenmaßnahme: explizite Formulierungsregeln („deutet darauf hin", „assoziiert mit").
- **Fehler:** Modellannahmen ignoriert.
  Gegenmaßnahme: KI zwingt dich, Annahmen zu nennen + Prüfplan.
- **Fehler:** „Zu schöne" Visuals verzerren Wahrnehmung.
  Gegenmaßnahme: neutrale Achsen, passende Diagrammtypen.

Ergebnis

Der Student gewinnt Zeit, weil Analyse und Dokumentation strukturierter laufen. Gleichzeitig verbessert sich die Qualität, weil Robustheit und Limitationen explizit werden.

12.3 Fallstudie 3: Forschungsprojekt – Präsentation, Poster und Verteidigung

Ausgangslage

Ein Team präsentiert ein Projekt (z. B. Forschungsseminar). Es gibt Ergebnisse, aber die Kommunikation ist schwach: zu viele Folien, unklarer roter Faden, schwierige Fragen im Q&A.

Ziel

- klare Kernbotschaft
- professionelle Slides/Poster
- Sprechtext & Timing
- Q&A-Vorbereitung

Workflow

Schritt 1 – Kernbotschaft formulieren

Prompt:

„Das sind unsere Ergebnisse in Stichpunkten: ... Formuliere 3 mögliche Kernbotschaften (je 1 Satz) und empfehle die beste mit Begründung."

Schritt 2 – Storyline

Prompt:

„Erstelle eine 7-Folien-Storyline (Problem, Frage, Methode, Befund 1/2, Diskussion, Fazit). Pro Folie: Titel, 3 Bulletpoints, Visual-Idee."

Schritt 3 – Speaker Notes

Prompt:

„Schreibe Speaker Notes: 60–90 s pro Folie, klare Übergänge. Markiere Stellen, an denen ich einen Begriff definieren sollte."

Schritt 4 – Q&A

Prompt:

„Stelle 12 kritische Fragen, geordnet nach: Methode, Daten, Interpretation, Limitationen, Transfer. Gib kurze und lange Antwortvarianten."

Typische Fehler und Gegenmaßnahmen

Das Team wirkt souveräner, weil Storyline und Q&A strukturiert sind. KI reduziert Aufwand, aber fachliche Verantwortung bleibt beim Team

Feinschliff, Abgabe, Prüfungsgespräch: KI als Redaktionssystem

13

Viele Arbeiten scheitern nicht am Inhalt, sondern an „letzten 10 %“: inkonsistente Begriffe, unklare Übergänge, Formatfehler, widersprüchliche Aussagen, schwache Einleitung/Fazit-Symmetrie. KI kann diese Endphase massiv beschleunigen – wenn du sie wie ein Redaktionssystem nutzt und nicht wie einen Ghostwriter.

13.1 Konsistenzprüfungen: Begriffe, Logik, Struktur

- Begriffe (z. B. „genKI“ vs. „generative KI“)
- Abkürzungen (erst definieren, dann nutzen)
- These vs. Ergebnis (passt das Fazit zur Frage?)
- Kapitelübergänge (rote Faden sichtbar?)
- Dopplungen (zwei Absätze sagen dasselbe)

Prompt
„Hier ist mein Inhaltsverzeichnis + Einleitung + Fazit. Prüfe, ob Forschungsfrage, Struktur und Fazit logisch zusammenpassen. Nenne Inkonsistenzen und konkrete Vorschläge zur Korrektur.“

Z. Tretinjak, *KI-Tools für Studium und Forschung*, essentials, https://doi.org/10.1007/978-3-658-51785-4_13

13.2 Stil und Lesbarkeit: wissenschaftlich, aber nicht künstlich

Wissenschaftlicher Stil heißt nicht: kompliziert. Er heißt: präzise, nachvollziehbar, begründet. KI kann Absätze kürzen und Klarheit erhöhen.

Prompt
„Überarbeite den Absatz: Ziel ist klare wissenschaftliche Sprache. Regeln: kürzere Sätze, aktive Form wo möglich, keine Floskeln, keine neuen Inhalte."

13.3 Quellen und Zitation: Fehler vermeiden, bevor sie gefunden werden

KI kann formale Fehler entdecken (z. B. fehlende Jahreszahlen, inkonsistente Schreibweisen). Aber: KI ersetzt keine Zitationssoftware. Setze KI als *prüfende Instanz* ein:

Prompt
„Hier ist mein Literaturverzeichnis. Prüfe auf Inkonsistenzen: Autorenreihenfolge, Jahresformat, fehlende Angaben, DOI/URL-Format. Liste nur Auffälligkeiten, keine erfundenen Ergänzungen."

13.4 Plagiatsrisiko reduzieren: KI als Ent-Ähnlichungshelfer (korrekt eingesetzt)

Wenn du selbst geschrieben hast, aber Formulierungen aus Quellen sehr nah übernommen wurden, kann KI helfen, sauber zu paraphrasieren – jedoch nur, wenn die Quelle korrekt zitiert bleibt.

Prompt
„Hier ist eine Textstelle + Quelle. Formuliere eine eigenständige Paraphrase in akademischem Stil, ohne die Bedeutung zu verändern. Markiere, welche Begriffe zwingend gleich bleiben müssen (Fachtermini)."

13.5 Vorbereitung auf Kolloquium/Verteidigung/Rückfragen

KI eignet sich hervorragend als Trainingspartner:

- „Erkläre dein Vorgehen in 90 s“
- „Welche Schwächen hat deine Arbeit?“
- „Welche Alternative wäre möglich?“
- „Warum ist das relevant?“

Prompt
„Spiele Prüfer:in. Stelle mir 10 kritische Fragen zu meiner Arbeit (Methode, Daten, Theorie, Limitationen). Nach jeder meiner Antworten gibst du Feedback und eine bessere Version.“

▶ **Abgabe-Checkliste (kompakt)**

- Einleitung: Problem, Ziel, Frage, Aufbau klar
- Theorie: Begriffe definiert, Quellen sauber
- Methode: nachvollziehbar, begründet
- Ergebnisse: korrekt, nicht überinterpretiert
- Diskussion: Limitationen + Implikationen
- Formalia: Zitation, Abbildungen, Tabellen, Layout
- Erklärung/Transparenz: KI-Einsatz geregelt

14 Fazit und Empfehlungen für den KI-Einsatz in Studium und Forschung

14.1 Rückblick und Einordnung

Künstliche Intelligenz verändert Studium und Forschung grundlegend.

Sie beschleunigt Arbeitsprozesse, erleichtert Routineaufgaben und eröffnet neue Formen des wissenschaftlichen Arbeitens.

Zugleich entstehen neue Anforderungen an Transparenz, Quellenkritik und ethisches Handeln.

Die vorangegangenen Kapitel haben gezeigt, dass KI-Kompetenz mehr bedeutet als Tool-Kenntnis:

Sie umfasst Prompt-Design, Daten- und Quellenmanagement, reflektiertes Schreiben und Präsentieren.

Diese Fähigkeiten bilden die Basis einer wissenschaftlichen KI-Literacy.(Centrum für Hochschulentwicklung 2025; International Institute for Higher Education in Latin America and the Caribbean 2026).

14.2 Leitprinzipien verantwortungsvoller KI-Nutzung

1. **Transparenz**
   Alle Formen der KI-Unterstützung müssen nachvollziehbar dokumentiert werden – inklusive Tool, Version, Datum und Zweck.
2. **Kompetenzentwicklung**
   Hochschulen sollten KI-Literacy in Curricula verankern: Informationskritik, Datenethik, Prompt-Kompetenz und rechtliche Grundlagen.

Z. Tretinjak, *KI-Tools für Studium und Forschung*, essentials, https://doi.org/10.1007/978-3-658-51785-4_14

3. **Methodenintegration**
   KI-gestützte Verfahren sind als Ergänzung zu klassischen wissenschaftlichen Methoden zu verstehen – nicht als Ersatz.
4. **Ethische Verantwortung**
   Forschende tragen die volle Verantwortung für die von KI erzeugten Inhalte.
   KI darf keine Urheberschaft beanspruchen.
5. **Nachhaltigkeit und Fairness**
   Der Energieverbrauch und die Datenbasis großer Modelle müssen kritisch reflektiert werden.
   Nachhaltige KI-Nutzung bedeutet bewussten, effizienten und zweckgebundenen Einsatz. (Bender u. a. 2021; Strubell u. a. 2019).

14.3 Empfehlungen für Hochschulpraxis

(Siehe Tab. 14.1)

Wichtig Jede Institution sollte eine eigene KI-Policy entwickeln, die auf DFG- und EU-Leitlinien basiert und regelmäßig aktualisiert wird. (Europäische Union (EU) 2024).

Tab. 14.1 Empfehlungen für Hochschulpraxis

Bereich	Empfehlung	Ziel
Lehre	KI in Lehrveranstaltungen aktiv thematisieren und kritisch reflektieren	Aufbau digitaler Urteilskraft
Prüfungen	Einsatzgrenzen klar definieren und Dokumentationspflicht einführen	Transparente Bewertung
Forschung	Nutzung von KI in Methodenkapiteln offenlegen	Reproduzierbarkeit
Verwaltung	KI-gestützte Prozesse prüfen, bevor sie skaliert werden	Datenschutz & Ethik
Weiterbildung	Schulungen für Lehrende und Studierende anbieten	nachhaltige Kompetenzentwicklung

14.4 Ausblick

Generative KI wird Teil der wissenschaftlichen Infrastruktur bleiben.Ihre Qualität hängt von der Qualität des menschlichen Umgangs ab.Zukünftige Forschung wird sich verstärkt mit *explainable AI, trustworthy AI* und *AI Literacy* befassen – Themen, die technologische, ethische und bildungspolitische Perspektiven verbinden.

KI kann Forschung demokratisieren, wenn sie verantwortungsvoll eingesetzt wird:Sie ermöglicht Zugang, Beteiligung und Beschleunigung – ohne den kritischen Geist zu ersetzen, der Wissenschaft ausmacht.

Anhang und weiterführende Ressourcen 15

15.1 Checklisten für den verantwortungsvollen KI-Einsatz

15.1.1 Checkliste 1: Wissenschaftliches Arbeiten mit KI

- Habe ich alle verwendeten KI-Tools, Versionen und Daten dokumentiert?
- Sind alle Quellen manuell überprüft und korrekt zitiert?
- Ist die Eigenleistung klar erkennbar?
- Wurden ethische und rechtliche Aspekte (Datenschutz, Urheberrecht) berücksichtigt?
- Ist der KI-Einsatz im Methoden- oder Anhangsteil offengelegt?

15.1.2 Checkliste 2: Didaktische Umsetzung in der Lehre

- Wird KI in Lern- und Prüfungsformaten transparent eingebunden?
- Fördern Aufgabenstellungen Reflexion statt reine Nutzung?
- Sind institutionelle Richtlinien oder KI-Policies vorhanden?
- Wird Studierenden Raum zur kritischen Bewertung von KI-Outputs gegeben?

Z. Tretinjak, *KI-Tools für Studium und Forschung*, essentials,
https://doi.org/10.1007/978-3-658-51785-4_15

15.2 1-Seiten-Checkliste: KI in wissenschaftlichen Arbeiten sauber nutzen

Vor dem Start

- Regeln deiner Veranstaltung/Hochschule geprüft (KI erlaubt? Kennzeichnung?)
- Ziel geklärt: Wo hilft KI wirklich (Planung, Schreiben, Analyse, Präsentation)?
- Datenschutz: Keine sensiblen Daten/Interview-Rohdaten/Personenbezug hochgeladen.

Während Recherche

- Jede Quelle verifiziert (DOI/Journal/Autor auffindbar).
- KI-Zusammenfassungen gegengeprüft (mind. Abstract/Volltext querlesen).
- Exzerpte in eigener Struktur abgelegt (Zotero/Citavi/Notizen).

Während Schreiben

- KI-Text nie 1:1 übernommen, sondern fachlich überarbeitet.
- Argumentation selbst geprüft: passt Logik? sind Gegenargumente adressiert?
- Zitate/Belege konsequent (keine „leeren" Behauptungen).

Während Analyse

- Datenbereinigung dokumentiert (Filter, Umkodierungen, Missing-Handling).
- Methode begründet, Annahmen geprüft, Alternativen verstanden.
- Ergebnisse plausibilisiert (Stichprobencheck/zweites Tool/Handrechnung).

Vor Abgabe

- Konsistenz: Begriffe, Variablen, Abkürzungen, Tabellen/Abbildungen.
- Quellenverzeichnis sauber (Format, Vollständigkeit, DOI/URL, Jahr).
- KI-Einsatz transparent dokumentiert (wo genutzt, wie geprüft).

15.3 Prompt-Bibliothek, Checklisten und Vorlagen

Dieser Anhang ist als praxisnahe Sammlung gedacht. Die Prompts sind so formuliert, dass sie ohne große Anpassung funktionieren. Ersetze die Platzhalter (…) durch dein Thema, deine Fragestellung und deinen Kontext.

15.3.1 Prompt-Bibliothek nach Arbeitsphasen

Themenfindung & Eingrenzung

1. „Gib mir 15 Themenideen im Feld …, geordnet nach Aktualität und Machbarkeit."
2. „Formuliere zu Thema … 10 Forschungsfragen in 5 Formaten (Vergleich/Wirkung/Erklärung/Gestaltung/Bewertung)."
3. „Bewerte diese 5 Forschungsfragen nach Relevanz, Machbarkeit, Beitrag (1–5) und schlage Verbesserungen vor."
4. „Formuliere eine klare Abgrenzung: Was ist drin, was ist nicht drin?"

Literatur & Theorie

1. „Erstelle Suchbegriffe DE/EN + Synonyme + Ausschlussbegriffe zu …"
2. „Ich gebe dir Abstracts: sortiere nach Relevanz und begründe."
3. „Erstelle Exzerpt-Vorlagen (Forschungsfrage, Methode, Ergebnisse, Limitationen)."
4. „Erstelle eine Theorie-Landkarte: Konzepte → Beziehungen → Schlüsselquellen."

Schreiben & Argumentation

1. „Formuliere aus Stichpunkten einen wissenschaftlichen Absatz ohne neue Fakten."
2. „Prüfe Argumentation: Behauptung–Begründung–Beleg. Nenne Lücken."
3. „Schreibe 3 Varianten: neutral, prägnant, sehr formal."
4. „Reduziere Floskeln und erhöhe Präzision."

Daten & Analyse

1. „Erstelle Datenprofil: Missing, Ausreißer, Variablentypen."
2. „Empfehle Verfahren + Annahmen + Prüfplan."
3. „Schreibe Code für … (deskriptiv, Regression, Plot) mit Kommentaren."
4. „Formuliere Ergebnistext ohne Kausalität, inkl. Limitationen."

Präsentation & Verteidigung

1. „7-Folien-Storyline mit Visual-Ideen."
2. „Speaker Notes mit Timing."
3. „12 kritische Fragen + Antwortvarianten."
4. „Poster-Text: Problem, Methode, Ergebnis, Takeaway (je 2 Sätze)."

15.3.2 Checklisten

Quellen-Hygiene (vor Übernahme)

- Quelle existiert (DOI/Verlag)
- Autor/Jahr/Titel stimmen
- Peer-Review oder wissenschaftliche Qualität plausibel
- Relevanz zur Forschungsfrage begründet
- Primärtext mindestens quergelesen
- Aussagen im Text belegbar

Ergebnis-Hygiene (vor Abgabe)

- Keine unzulässigen Kausalbehauptungen
- Limitationen explizit genannt
- Alternative Erklärungen erwähnt
- Robustheitscheck vorhanden (falls empirisch)
- Visuals korrekt skaliert und beschriftet
- Schluss passt zur Frage

KI-Transparenz (Minimal)

- Wo eingesetzt? (Planung/Literatur/Schreiben/Analyse/Slides)
- Wofür eingesetzt? (Ideen, Stil, Struktur, Code)
- Wie geprüft? (Quelle, Rechnen, Gegencheck)
- Was übernommen? (teilweise/gar nicht/komplett – begründet)

15.3.3 Vorlagen (Copy & Paste)

KI-Einsatz (kurz)
„KI-Tools wurden unterstützend in Planung, sprachlicher Überarbeitung und Strukturierung eingesetzt. Alle Inhalte wurden geprüft und eigenständig finalisiert.“

KI-Einsatz (standard)
„KI-Tools wurden in ausgewählten Phasen eingesetzt (Ideenfindung, Strukturierung, sprachliche Glättung, Formulierungsalternativen). Fakten, Quellen und zentrale Argumente wurden anhand Primärliteratur und eigener Prüfung validiert. Die Verantwortung für Auswahl, Bewertung und finalen Text liegt beim Autor.“

15.4 Empfohlene Tools und Anwendungen

(Siehe Tab. 15.1)

Tab. 15.1 Beispiele nützlicher KI-Tools für Studium & Forschung

Kategorie	Tool	Nutzen
Allgemeine Assistenten	ChatGPT, Gemini	Texterstellung, Ideengenerierung, Datenanalyse
Recherche/ Wissenschaft	Elicit, Consensus, Perplexity AI	Evidenzbasierte Literatursuche, Quellensynthese
Schreiben/Überarbeiten	Notion AI, DeepL Write	Stiloptimierung, Übersetzungen
Visualisierung/ Präsentation	Canva Magic Design, Beautiful.AI, Gamma App	Design und Layout wissenschaftlicher Folien
Quellenmanagement	Zotero + Scite, Connected Papers	Literaturverwaltung, Zitationsnetzwerke

Wichtig Bei allen Tools Nutzungsbedingungen, Datenschutz und Serverstandorte prüfen.

15.5 Leitlinien und offizielle Referenzen

(Siehe Tab. 15.2)

Tab. 15.2 Leitlinien und offizielle Referenzen

Institution	Titel/Thema	Link
DFG	Künstliche Intelligenz	https://www.dfg.de/de/grundlagen-themen/digitale-themen/ki (zuletzt abgerufen am 23.03.2026)
EU	Verordnung (EU) 2024/1689 des europäischen Parlaments und des Rates	https://eur-lex.europa.eu/legal-content/DE/TXT/HTML/?uri=OJ:L_202401689 (zuletzt abgerufen am 23.03.2026)
OECD	AI & education	https://oecd.ai/en/dashboards/policy-areas/PA7 (zuletzt abgerufen am 23.03.2026)
UNESCO	Ethics of Artificial Intelligence	https://www.unesco.org/en/artificial-intelligence/recommendation-ethics (zuletzt abgerufen am 23.03.2026)
Springer Nature	AI principles	https://group.springernature.com/gp/group/ai/our-ai-approach-and-principles (zuletzt abgerufen am 23.03.2026)

Was Sie aus diesem *essential* mitnehmen können

- Ein klares Verständnis dafür, **wann und wie** KI wissenschaftliches Arbeiten sinnvoll unterstützt – und wo ihre Grenzen liegen.
- Erprobte Methoden, um KI-Outputs kritisch zu prüfen, zu dokumentieren und wissenschaftlich abzusichern.
- Die Fähigkeit, KI als Werkzeug zur Strukturierung, Reflexion und Qualitätssteigerung einzusetzen – nicht als Ersatz für Denken.
- Praktische Routinen, mit denen sich Zeit sparen lässt, ohne Transparenz, Integrität und Nachvollziehbarkeit zu verlieren.
- Orientierung für einen verantwortungsvollen, regelkonformen und kompetenzfördernden KI-Einsatz in Studium und Forschung.
- Prompt-Kompetenz ist eine neue wissenschaftliche Schlüsselkompetenz.
- Transparenz über KI-Einsatz ist integraler Bestandteil guter Forschungspraxis.
- Ethik, Didaktik und Technik müssen zusammengedacht werden.

Z. Tretinjak, *KI-Tools für Studium und Forschung*, essentials,
https://doi.org/10.1007/978-3-658-51785-4

Literatur

Bender, Emily M., Timnit Gebru, Angelina McMillan-Major, und Shmargaret Shmitchell. 2021. „On the Dangers of Stochastic Parrots: Can Language Models Be Too Big?“ *Proceedings of the 2021 ACM Conference on Fairness, Accountability, and Transparency* (New York, NY, USA), FAccT ’21, März 1, 610–23. https://doi.org/10.1145/3442188.3445922.

Brown, Tom B., Benjamin Mann, Nick Ryder, u. a. 2020. „Language Models Are Few-Shot Learners“. arXiv.Org, Mai 28. https://arxiv.org/abs/2005.14165v4.

Bundesministerium der Justiz. 2026a. „§ 2 UrhG – Einzelnorm“. https://www.gesetze-im-internet.de/urhg/__2.html.

Bundesministerium der Justiz. 2026b. „§ 7 UrhG – Einzelnorm“. https://www.gesetze-im-internet.de/urhg/__7.html.

Carlini, Nicholas, Florian Tramèr, Eric Wallace, u. a. 2021. „Extracting Training Data from Large Language Models“. 2633–50. https://www.usenix.org/conference/usenixsecurity21/presentation/carlini-extracting.

Centrum für Hochschulentwicklung. 2025. *Die KI-Verordnung der EU als Impuls für die Entwicklung von AI Literacy an Hochschulen.* https://www.che.de/download/die-ki-verordnung-der-eu-als-impuls-fuer-die-entwicklung-von-ai-literacy-an-hochschulen/.

COPE Council. 2023. „Authorship and AI Tools“. COPE: Committee on Publication Ethics, Februar 13. https://publicationethics.org/guidance/cope-position/authorship-and-ai-tools.

Deutsche Forschungsgemeinschaft. 2026a. „KI in der Begutachtung“. https://www.dfg.de/de/grundlagen-themen/digitale-themen/ki/begutachtung.

Deutsche Forschungsgemeinschaft. 2026b. „Stellungnahmen und Positionspapiere“. https://www.dfg.de/de/aktuelles/publikationen/stellungnahmen-papiere.

Europäische Union (EU). 2016. „Regulation (EU) 2016/679 (General Data Protection Regulation)“. https://eur-lex.europa.eu/eli/reg/2016/679/2016-05-04/eng.

Europäische Union (EU). 2024. „Artificial Intelligence Act (AI Act)“. https://eur-lex.europa.eu/eli/reg/2024/1689/oj/eng.

Huang, Lei, Weijiang Yu, Weitao Ma, u. a. 2023. „A Survey on Hallucination in Large Language Models: Principles, Taxonomy, Challenges, and Open Questions“. arXiv.Org, November 9. https://doi.org/10.1145/3703155.

Z. Tretinjak, *KI-Tools für Studium und Forschung*, essentials,
https://doi.org/10.1007/978-3-658-51785-4

Hüsch, Marc. 2025. *Ein Viertel der Studierenden nutzt täglich Künstliche Intelligenz.* Juni 12. https://www.che.de/2025/ein-viertel-der-studierenden-nutzt-taeglich-kuenstliche-intelligenz/.

International Institute for Higher Education in Latin America and the Caribbean. 2026. „The Challenges of AI in Higher Education and the Imperative for Competency Frameworks". https://www.iesalc.unesco.org//en/articles/challenges-ai-higher-education-and-imperative-competency-frameworks.

McKinsey Global Institute. 2023. *The Economic Potential of Generative AI: The next Productivity Frontier.*

Peng, Sida, Eirini Kalliamvakou, Peter Cihon, und Mert Demirer. 2023. „The Impact of AI on Developer Productivity: Evidence from GitHub Copilot". arXiv.Org, Februar 13. https://arxiv.org/abs/2302.06590v1.

Siebert, Dr Julien. 2024. „Halluzinationen von generativer KI und großen Sprachmodellen (LLMs) - Blog des Fraunhofer IESE". *Fraunhofer IESE,* September 20. https://www.iese.fraunhofer.de/blog/halluzinationen-generative-ki-llm/.

Springer Nature. 2026. „Artificial Intelligence (AI)". https://www.nature.com/nature-portfolio/editorial-policies/ai.

Strubell, Emma, Ananya Ganesh, und Andrew McCallum. 2019. „Energy and Policy Considerations for Deep Learning in NLP". In *Proceedings of the 57th Annual Meeting of the Association for Computational Linguistics,* herausgegeben von Anna Korhonen, David Traum, und Lluís Màrquez. Association for Computational Linguistics. https://doi.org/10.18653/v1/P19-1355.

Wei, Jason, Xuezhi Wang, Dale Schuurmans, u. a. 2023. „Chain-of-Thought Prompting Elicits Reasoning in Large Language Models". https://arxiv.org/abs/2201.11903. Preprint, arXiv, Januar 10. https://doi.org/10.48550/arXiv.2201.11903.

Yao, Shunyu, Dian Yu, Jeffrey Zhao, u. a. 2023. „Tree of Thoughts: Deliberate Problem Solving with Large Language Models". arXiv.Org, Mai 17. https://arxiv.org/abs/2305.10601v2.

Zeitfracht Medien GmbH
Ferdinand-Jühlke-Straße 7
99095 Erfurt, Deutschland
produktsicherheit@kolibri360.de